The Great Luck
大幸運の法則

佐藤文昭

あさ出版

死の淵へ立つ「私」へこの物語を贈る――。

この高さから落ちたら、やはり痛いのだろうか——。

気がつけば、私は死の淵に立っていた。

なぜ、こうなってしまったのだろう。

足元から吹き上げる棘《とげ》のような冷たい風が、頬を幾度も突き刺してくる。

加速する世界に翻弄され、何もかもが思い通りにいかない。

まるで不運の底なし沼にはまってしまったのか、人間関係も仕事も空回りを続ける。

借金だけが膨らみ続け、私の人生は、もはや限界だった。


そんな私を世界は無視し、速度を増していく。

新しいものが次々と生まれ、古いものが跡形もなく消え去っていく。

インターネットの進化、AIの進化、テクノロジーの進化。

世界中が効率を神と崇める中で、目が回るような速さに翻弄され、時折、自分が宇宙の虚無へと放り投げられているような錯覚に陥る。

その速さは、もはや走馬灯のように感じた。

世の中がリベラルな社会となりつつある昨今、武力も身分ももはや力を持たず、個々の高い能力だけが社会的地位を築き、富を独占していく。ＳＦの世界に憧れたパイオニアたちが夢の実現に夢中になり、知能の高い者だけがその世界に存在する権利を得られる。それ以外の者たちは無残にも切り捨てられ、透明人間の仲間入りを果たしていく。

消えてなるものかと、私は世界にしがみつく。時計の針に常に縛られ、秒を競うように一日の終わりまで自分自身を追い込む毎日。息が切れ、心が疲れ果てても、重たい足をとにかく前に出し続ける。そうしなければ、一瞬で奈落の底へと落ちてしまう恐怖が常に私を支配していた。世の中のランダムな数式と常ににらみ合い、寝ている間も数字が頭を駆け巡った。

そんな努力を、世界は嘲笑《あざわら》う。私の周りの人々が、まるでドローンのように自由に舞い上がり、空の彼方へと消えていき、私は時代の波に取り残された、錆《さ》びついたゼンマイ式のおもちゃのようだった。私の時間だけが止まっているように感じた。

このまま壊れてしまおうか――。

何度も頭をよぎった。それでも錆《さび》にオイルを差し、騙し騙し生活を続けていた。しかし、限界はやってきた。足は完全に止まり、目にはもう追うべき存在すら見えなくなった。横を見ても、後ろを見ても、どこにも光がない。気がつけば、私は八方塞がりの暗闇の中に立っていた。

これは、もう、死んでいるのか?

その瞬間、足元がふわりと揺れるのを感じた。気づくと、私は暗闇の中、深淵に立っていた。足が半分はみ出している。私はじっと佇《たたず》むことしかできなかった。一歩でも踏み出した瞬間に奈落の底へと落ちてしまうだろう。前も後ろも右も左も暗闇が続いていて、どこへも進むことができない。恐怖と絶望以外の言葉が、思い浮かばなかった。

そこに突然、かすかに声が聞こえてきた。

『まだ見ていないところがありますよ』

まだ見ていないところ? そんなはずはない。どこを見ても、ここは暗闇だ。これ以上、どこをどう見ろというのだ。

『ここですよ』

声は、まるで天から降ってくるような、高く遠くのほうから聞こえたような気がした。
声がしたほうを見上げると、遥か上空に小さな光の点が見えた。暗闇の中で見つけたその光は、希望の光のように感じた。しかし、その希望は一瞬だけのものだった。あまりに遠すぎる。ほんのわずかに湧いた希望は、すぐに絶望へと変わっていった。

『早くいらっしゃい』

その声は、まるで私を挑発するかのように再び語りかけてきた。鳥でもない限り、そこへ行けるわけがない。私にどうしろと？　暗闇の中で光を見られたのだから、少しは幸せだろうとでも言いたいのか。絶望は徐々に怒りへと変わり、憤りに任せて叫ぼうとした瞬間、私の心の声を聞いたかのように、その声が再び響いた。

『完全にここに来る方法を忘れてしまったようですね。面倒ですから、わたしが引き上げます』

「えっ？」

その瞬間、光り輝く巨大な手が天井の穴から出てきて、私を包み込んだ。あまりにも眩《まぶ》しくて、私は思わず目を閉じた。暖かい光が私を包み込み、これまでに味わったことのない心地よい幸福感で満たされた。フッと体が浮き上がったような気がしたが、心地よさが勝り、そのまま身を委ねることにした。

光に包まれている感覚が徐々に薄れ始めたのを感じ、ゆっくり目を開いた。

すると、信じられない光景がそこに広がっていた。

私がこれまで認識してきた現実とはまったく違う世界が、そこにはあったのだ――。

「はっ！」

私は坐禅の状態で目を覚ました。
どうやら坐禅中に意識が飛んでいたようだ。
父がお寺の総代を務めていたため、私は小学生の時にお寺で得度を受けた。禅宗のお寺なので、坐禅は主要な修行であり、私は毎朝の日課としていた。だが、私は僧侶ではないし、何十年も坐禅を続けているが、悟りを開いたわけではない。むしろ、頭の中は常に雑念で溢れ、仏に向かう時も自分の成功を祈っていたほどだった。
その日もいつもの通り、お仏壇を拝んだ後、坐禅に入った。この日は早朝から仕事の大問題に直面し、気持ちが相当沈んでいた。その坐禅の最中に、突如として先ほどの光景が現れたのだ。

「夢……？」

夢にしてはあまりにも鮮明すぎるが、単なる妄想と片付けるには惜しいものがあった。確かに私は見たのだ。信じられない世界がそこにはあった。私は世界の捉え方を一つだけだと思っていた。しかし、私が見た、その世界は、私が知っているものとはまったく異なっていたのだ。人生を思い通りにすることが朝飯前と言えるほどに強烈なものだった。お金の心配という言葉が、遠い世界のもののように感じた。

あの光景に触れてから私のすべてが変わってしまった。

驚くべきことに資産はうなぎ登りに増え続けている。それも驚異的なスピードで。時間も豊富にあり、自分にはもったいないほどの素敵な仲間や家族たちに恵まれ、一緒に海や森で遊んだり、ビーチで執筆活動をしたりといった日常を手に入れることができた。欲しいものはすべて手に入り、今は地球の環境と食料の問題を解決すること、大好きな執筆活動、そして、新たな夢に向かう会社をつくることに集中している。

仕事などしなくても贅沢三昧に暮らしていけるのでは？　と思うかもしれないが、正直、「物」に対してまったく興味がなくなった。その理由は後でゆっくり述べることにしよう。あなたもこの物語を読み終えた頃には、私と同じ気持ちになっているかもしれない。

私がやったことは非常にシンプルだ。だが、劇的な変化があった。そして、これはあなたにも必ず実践できることなのだ。

現に、この内容を共有した仲間たちは、面白いように叶えたい夢を次々と現実化している。この地球の本当の秘密を知ってしまうわけだから、当たり前の結果と言えばそれまでなのだが。

こんなすごい秘密を私や私の身近な仲間たちだけで留めておくのは、あまりにももったいない。だから私は、そのすべての秘密を包み隠さずにあなたと共有しようと思う。


今回、あなたに、どの話から伝えるべきか、とても悩んだ。その世界で見た全体像は頭の中では描けてはいるものの、どの断片から話を始めるべきかがとても重要だからだ。


インドの古い寓話に「6人の盲人と象」という話がある。

6人の盲人がそれぞれ象の一部を触って象の全体を理解しようと試みるが、一人ひとりが感じた象の一部がすべてと思い込み、最終的には大きな争いに発展するというものだ。鼻を触った者は蛇のようだと言い、足を触った者は木の幹だと言う。象全体を知っていると、全員が正解である。

だが、彼らは象の全体がわからないがゆえに争いに発展してしまうというわけだ。

この話は、私たちの認識がどれほど断片的であるかを示している。

これからあなたにお話しする内容も、私がどの部分から話を始めるかによって、あなたに与える印象は大きく変わってしまう。

だから、提案がある。

それは、この物語を一度すべて通して読んでほしいのだ。

途中でわからない部分があったりしても立ち止まらずに最後まで読み切ってほしい。そうすることで全体の象をまずは見ることができる。

それから、特に興味を引いた部分をもう一度読み返してみてほしい。

では早速、筆を走らせていくことにしよう。あなたの一助となれることを願いながら。

Contents

この世界の大幸運の法則

第一章　「私」の正体

1 「私」に支配された「わたし」

そこは完全なる光の世界だった。

眩しすぎる光が四方八方から差し込み、私は思わず目を閉じた。ゆっくり目を開くと、圧倒的な光に包まれていることがわかった。心臓が早鐘を打つように鼓動する。目が少しずつ慣れてくると、周りに巨大な壁が存在していることに気づいた。

いや、違う。これは壁なんかではない。その正体に気づいた私は、驚愕のあまり、思わず息を呑んだ。なぜならその壁は、巨大な私自身だったからだ。

「あなたは誰……ですか？」

私は恐れる気持ちで、そっと呟いた。すると巨大な私は、まるで長い間会えていなかった友人のように優しく答えた。

『わたしはあなた自身です。あなたを地球へ送ったのはわたしです』

「わたし」だと名乗る巨人は、私の混乱をさらに煽るかのような言葉を発した。混乱に次ぐ混乱は、ただの大混乱になるだけだ。しかし、巨大な「わたし」はすぐに私の動揺を察し、こう付け加えた。

『大丈夫ですよ。これから一つずつお話ししていきます。早速ですが、まずはこちらを体験してみてください』

「えっ？　体験？　何を、ですか？」

巨大な「わたし」の言葉が終わるや否や、辺りが急に暗くなり始めた。まるで鉄の塊のように重々しい雲が天井を覆い始めていた。いや、あれは雲ではない。ん？　なんだ？

ボタッ、ボタッ、ボタボタボタボタッ。

「えっ？　草履《ぞうり》？」

数えきれないほどの草履が突然降ってきた。

この不思議な世界は、晴れのち草履が降る世界なのか。いやいやそんなわけがない。いかに不思議な世界だろうが、草履が空から降ってくるなんて聞いたことがない。

よく見ると何かが違う。これは草履ではない。草履の形はしているが、ウネウネとした不思議な物質だ。子どもの頃に遊んだスライムにも似ている。それが空から無数に降り注ぎ、顔にも体にもべとーっと粘りつき、肌に密着してきた。その存在は自ら意志を持つかのように皮膚の上をウネウネと泳ぎ移動する。体温のように温かいその存在の動きは予測不能で、自由自在に私の体を動き回るのだ。

恐怖で体が硬直し、鳥肌が立った。心臓の鼓動が耳鳴りのように響き渡る。

『体験は言葉よりも強烈なものです。直接的にあなたへ伝えます。私とは一体何者なのかが理解できますよ。フフフッ』

巨大な「わたし」の声が脳に響いてきた。パニック状態の心が優しい声に癒される。最後の笑い声は、なんだか楽しんでいるようにも思えるが、今はそれどころじゃない。まずは体中にくっついてくる、このスライムを何とかしなければ。

次から次へとべとつくスライムが、ぼたぼたと空から降ってくるのだ。夢であってほしい。

いや、すでに夢なのか？　また混乱してきた。だが、ここに何か重要なメッセージが隠されているような気がしてならない。巨大な「わたし」は、この私に何かを伝えようとしているはずなのだ。私は現実を変えたいんだ。私はもう一度、巨大な「わたし」が発した先ほどの言葉を思い出してみた。

『私とは一体何者なのかが理解できますよ』


私とは一体何者なのか。

この問いは、これまでに何度も考えたことがある。私とは一体何者なんだろう？　私は何のために生まれてきたのだろう？　さまざまな本を読みあさり、さまざまな講演を聞きに行っても、私が納得する答えは得られなかった。

もしかすると、ここだったらその答えが見つかるかもしれない。ここは私が知っている世界とはまったく違う世界、それに「わたし」という存在まで現れている。とにかく思考を巡らせてみよう、そう思った矢先になぜか学生時代のお昼休みのことを思い出した。

教室でお弁当を食べようとした時のことである。一緒に飲もうと買ってきた水が入ったペットボトルに向かって、私は「お前は私か？」と呟いてしまった。頭がどうかしてしまったのか。

それは水だ。どこからどう見ても私ではない。でも、この水を飲んだら、体内に入るわけだから、私になるのではないか？　いや、胃の中にある時は、体の一部とはなっていないから、それは私ではないのか？　それならその水が体に吸収されたらどうなる？

その時はいくら考えても答えは見つからなかった。永遠に続きそうな禅問答。意味があるようでないようなこの問いに、私は面白さと少しばかりの不快さを感じながら考え続けた。

『その答えに導いてくれるのが、このミトコンドリアですよ』

「ミトコンドリア？　そうか、このスライムはミトコンドリアか！」

ミトコンドリアは学生時代に学校で学んだことがある。飲み込んだ水は血液やリンパとなる一方、細胞間の液体としても使われ、その細胞一つひとつにはミトコンドリアが存在している。ミトコンドリアは私たちの生命エネルギーを生み出すために不断の努力を続けてくれているのだ。

『ミトコンドリアをご存じでしたか。それは素晴らしい。ミトコンドリアには、実は意識があるのですよ』

ミトコンドリアに意識がある？　どういうことだ？　それは私の意識とは違うものなのか？　そんなこと、今まで考えたこともないぞ。もし「わたし」が言うようにミトコンドリアに意識があるとしたら、それはどのような意識なのだろう？　その意識は、一体、誰の意識なんだ？　私なのか？　それとも、私以外か？　ますます混乱してきた。

「まったく理解ができないのですが……」

『ミトコンドリアの意識は本能そのものです。本能という言葉はご存じですね。生物が生まれながらにして持っている行動の傾向や反応のことです。生命活動を支えるためのものとして、あなたも捉えていることでしょう。この本能は「わたし」の本能とミトコンドリアの本能に分けることができます。「わたし」の本能は愛を中心に形成され調和が基盤となりますが、ここではもう一つのミトコンドリアの本能である、より原始的な感情や反応である動物的本能のことを指します。この本能を基盤とした意識をミトコンドリアは持っているのです。大丈夫。これからゆっくりとお話ししていきます』

2　バイオスーツ「ミトコンドリア」

「なんて動きにくいんだ……」

私にベタベタと粘りつくミトコンドリアがまとわりつき、本当に動きにくい。まるで意識を持つミトコンドリアのバイオスーツを着ている感覚だ。むしろ私の意志とは関係なく勝手に動くのだ。これではまるでバイオスーツの言いなりではないか。

『言いなりどころか、あなたは奴隷ですよ』

奴隷？　私はずっとミトコンドリアの奴隷だったとでも言うのか？

『あなたは子どもの頃までは、まだ「わたし」でいられましたが、今では完全に「わたし」を見失い、ミトコンドリアの意識だけで生きています。ミトコンドリアの奴隷として生きているのです』

混乱にさらなる混乱が重なり出していく。そんな私を無視してバイオスーツは勝手に動く。この状況は、もはやカオス以外の何物でもない。ゲシュタルトが崩壊した私は、自分を落ち着かせるためにも、一つずつ今の私の状況を整理していく以外、方法はないと思った。

「このバイオスーツは一体、何をしたいのですか？　なぜ勝手に動いているのでしょう？　その意図は何なのですか？」

『ミトコンドリアは勝手に動いているわけではありませんよ。もし、ミトコンドリアが勝手に動いていたら、この世界はとっくに終わりを迎えています。彼らの行動や存在は、本能そのものです』

本能そのもの？　そういえばさっきも言っていたな、ミトコンドリアの意識は本能……。そうか！

「本能とはつまり、生きるということじゃないですか？」

『その通りです。よくわかりましたね。彼らの役割は命を守ること。生命を守り、生命を繋ぐことです。つまり、彼らはその本能に忠実に行動しているだけなのです。食欲、安全への欲求、性欲、睡眠欲、これらはすべて生存するための純粋な本能だということです。この本能があるからこそ、あなたの命は守られ、命を繋いでいけるのですよ。とても有り難い存在なのです』

「生きる本能か……、確かに食べる欲がなければ餓死してしまいますし、安全の欲がなければ身を危険にさらすことになりますね。性欲がなければ子孫も生まれないわけですから絶滅してしまいますし、すべてはこの生存という本能に忠実に動いてくれているということなのですね」

『そうです。彼らのDNAはそのように設計されているのです。ただ、彼らは少し優秀すぎる部分があります』

「優秀なら、より生存率が高まるから良いと思うのですが」

『優秀すぎるがゆえに、学びすぎてしまう傾向があるのです』

「学びすぎる？　一体どういうことですか？」

『直接、ミトコンドリア自身から聞いてみましょう。一度、剥《は》がれてもらってもいいですか？』

巨大なわたしがそう言うと、突然、私にまとわりつくミトコンドリアが活発に動き出し、私の体の周りを渦を描くように足元へと集まり始めた。さらに地面へと渡り、１メートル先で岩のような塊となった。グネグネと不思議な弾力を保ちながら円柱状に伸び始め、ヒューマノイド型（人間そっくりの形）に形成を始めた。徐々に形が鮮明となり、突然動きを止めた。その瞬間、私は驚きを隠せなかった。なぜならその姿は、顔も体も何もかもが私にそっくりだったのだ。

「え？　私？」

そう呟くと、

【私はイナズマです】

という言葉が返ってきた。声まで私そっくりだ。

もう驚くことはやめよう。ここはそもそも特殊な世界だ。目の前に私そっくりの誰かがいる、ただそれだけだ。私は自分にそう言い聞かせて、気持ちを落ち着かせ、考えることに注力した。巨大なわたしがミトコンドリアに剥がれてくれと言って、目の前に私そっくりな存在が現れた。つまり、この存在は私のミトコンドリアということなのだろう。

「あなたはミトコンドリアですか？　私にそっくりなので、かなり驚いています」

【私はイナズマです】

また同じ回答だ。内容もシンプルである。

イナズマ……よく見ると体の表面からパチパチと火花のようなものが出ている。確か昔、ミトコンドリアにはエネルギーが蓄えられていると聞いたことがあるのを思い出した。一つのミトコンドリアに0・2ボルト程度だったような。それが一人の人間の中にとてつもなく大量に存在していたはずだ。単位がとんでもなかったので覚えていた。10京個とかだったはず。つまり人間一人には10の17乗個ものミトコンドリアが集合しているということだ。その一つひとつに0・2ボルトのエネルギーが蓄えられているとするならば、人間一人で雷一つ分のエネルギーを蓄えていることになる。

「つまりあなたは、イナズマ級のエネルギーを蓄えているということですか？」

【……】

何も答えてくれない。本能そのものだからなのか？

『察しの通り、ミトコンドリアは本能そのものですので必要最低限のことだけしか話してくれません』

巨大なわたしが突然、話し始めた。

『まずはミトコンドリアを視覚的に見ることで、あなたの体を俯瞰的に、第三者の視点で観察できませんか？』

「突然、自分にそっくりなあなたが現れたので本当に驚きました。あなたは巨大であり、光っているので何となく神様として認識できてすぐに受け入れられましたが、今、目の前にいるこの私そっくりな存在は、私と身長も一緒ですし、声まで同じなので、ちょっとまだ頭が混乱しています」

『混乱するのも無理はありません。その存在は「わたし」が地球で過ごすため、また感情というものを理解するために作った、あなたそのものですからね。あなたは今、地球でこのミトコンドリアの体を使って生活しているわけですから、まるで３Ｄの鏡を見ている感覚だと思います。正確に言えば、原核細胞（核や他の膜結合細胞小器官を持たない単細胞）の生命体にミトコンドリア生命体を寄生させて、真核細胞（明確な核を持つ細胞）の生命体をつくり上げたのですが、ここでは混乱を招くだけなので、ミトコンドリアと思っていて大丈夫です』

「初めての体験で、少し気持ち悪さも感じています。ここは受け入れて先に進むしかないですね」

『その前向きな姿勢はとても素敵ですよ。それではお話を進めていきましょう。ミトコンドリアは先ほど、自分はイナズマだと教えてくれましたね。膨大なエネルギーの塊でもあるということです』

「かなり膨大ですよね」

『そうです。人間一人にはイナズマ一つに匹敵するほどの膨大なエネルギーが蓄えられているのです』

「一人にイナズマ一つですか。そう考えると、朝の通勤ラッシュの電車なんかは、イナズマが重なり合っているとも言えるので、まるでハリケーン状態ですね」

『そうとも言えますね。この膨大とも言えるエネルギーですが、なぜ人間一人に対してそんなにも必要なのでしょうか？　まずはそこからミトコンドリアに聞いてみましょう。さあ、せっかくあなたから剥がれて、目の前に現れてくれたのです。どんどん質問していきましょう』

3　エネルギーのお金「ATP」

「この膨大なエネルギーは、一体何に使われるのですか？」

目の前にいる私そっくりな存在に対し、未だに違和感を覚えながら、丁寧に質問をした。

【ATPを作り、貯めて、使います】

またしても意味不明なキーワードだ。ATP？　初めて聞いたな。

『ATPとはアデノシン三《さん》リン酸というもので、細胞を動かすためのエネルギーですよ』

「細胞を動かすエネルギーということは、これがなければ細胞は動かないということですか？」

『そうです。ATPはエネルギーのお金のような存在で、ミトコンドリアはそれを生成し、必要なタイミングに、引き出して使います。ブドウ糖1分子から、おおよそ36分子のATPを作り出すと言われています。そして、そのATPを引き出す役割を果たしているのもミトコンドリアなのです』

「なるほど、ATPのATMみたいな存在ですね」

『うまいことを言いますね。そうです。ミトコンドリアはまるで目に見えない銀行家のように、私たちの体内で休むことなく働き続けてくれています』

「私が地球で生きていけるのはミトコンドリアの頑張りがあってのことなのですね」

『役割は一つだけではありませんよ。他にもエネルギーを蓄えることができなくなったミトコンドリアの除去をし、有害な細胞を取り除くなど、地球で人間が生きるために必要なさまざまなことをやってくれます。地球上で肉体を存続させようと精一杯努力してくれているのです』

「本当に有り難い存在なのですね。いつもありがとうございます」

私がミトコンドリアへ感謝を伝えると、少し照れながらも誇らしげにしているように感じた。

『そんなミトコンドリアですが、エネルギーを体中に振り分けるために、まずはエネルギーを作らなければいけません。エネルギーの源はどこにあると思いますか？』

「ミトコンドリアが勝手にどこかからエネルギーを引っ張ってくるんじゃないのですか？」

『そんなわけありませんよ。エネルギーは体の中で作られます。エネルギーを作るのに特に重要なのが栄養、睡眠、環境です。たとえば、十分な栄養、十分な睡眠、良好な環境に身を置くことができれば、ミトコンドリアはエネルギーをたくさん作ることができるので、あなたがより健康的に活発に動けるよう、エネルギーを振り分けます。しかし、栄養不足、睡眠不足、劣悪な環境という強いストレス状態にいる時には、エネルギーを作ることができないので、限りあるエネルギーの保全に回り、振り分けるのを最小限に抑えてしまいます。肉体にはほとんど振り分けず、一番エネルギーを必要とする臓器である心臓と脳だけに少しばかりのエネルギーを分配するのです。ストレス状態の時はすぐに疲れ、思考が回らなくなるのは当然の結果ということです。もちろん、免疫に回すエネルギーもなくなりますので、ウイルスに感染しやすくなるのは当たり前の話です』

「なるほど。深夜までお酒を飲んで、締めのラーメンを食べ、睡眠をほとんどとらずに仕事に行った時には思考がほとんど回らず仕事になりません」

『ミトコンドリアにとっては最悪の環境ですね。そんな劣悪な環境を続けていたら、彼らは生命の危機を感じます。あなたの体を諦めて、新たな生命を宿す方向へ動き始める可能性もあるのです。瀕死の人間は、性欲が極度に高まることを聞いたことがありませんか？　これも原理さえわかれば答えは単純です。ミトコンドリアが次の生命に命を繋ごうとしているからに他なりません』

「ミトコンドリアのことを何も考えずに暴飲暴食ばかりしていました。そりゃあ毎日疲れも取れずに疲労困憊《ひろうこんぱい》なわけですよね。反省です」

目の前のミトコンドリアが、ようやくわかってくれたかと少し安堵しているようにも見えた。

『気づき、反省できることが大切なのです。気づいた時から気をつけていけばいいのです。あなたの星では「寝る子は育つ」ということわざがありますが、まさに寝ることはミトコンドリアのためなのです。特に幼少期は体の成長にとって一番大切な時期です。体は就寝中に成長しますので、十分な睡眠時間が必要なのです。眠りについた子どもは体が非常に熱くなりますよね。放熱することで細胞分裂の内部環境を整えているのです。それが成長ホルモンへと繋がり、骨や筋肉が育っていきます。もちろん大人も成長ホルモンが分泌されますが、大人の場合は皮膚や腸、骨髄など、新陳代謝で使われます。睡眠不足で肌が荒れたことはないですか？』

「飲みすぎた翌日は、顔の血色が悪すぎます」

『ここから何度もその現象を見ていましたので、知っています。また、寝る姿勢も気をつけてくださいね。寝るということは重力から解放されることになります。重力の解放はミトコンドリアのエネルギーチャージに最高の環境なのです。夜更かしなどはせず、しっかりと寝床につくことが、あなたのエネルギーを最大限に高めることに繋がります。つまり、食欲、安全への欲求、性欲、睡眠欲などこれらすべてが、肉体の存続のためにミトコンドリアに設定された大切な欲なのです。ただ、とても大切な欲なのですが、それは決してあなたの意識ではなかったということです』

「えっ？　私の意識ではない？」

『はい、ここはとても大事なところなのでしっかりと理解してください。ミトコンドリアの意識は決してあなたの意識ではないのです。あなたはこれまで、あなたではないミトコンドリアの意識に翻弄され、我欲に溺れていたのです。あなたがミトコンドリアの欲に支配され、奴隷と化していたということです。つまり、それは「あなた」であって「あなたではない」ということです』

私はまたも混乱しかけたが、やや強引に落ち着きを取り戻し、少しずつ理解していくことにした。

「目の前にいる私そっくりの存在の意識は、私とは別の独自の意識を持っているということですか？」

『その通りです。ミトコンドリアは生存という本能に特化した独自の意識を持ち、あなたの体を形成します。その中にあなたが入り込んでいるのです。実際には、あなたというよりも、この「わたし」の意識の一部が入り込みます』

「つまり、あなたが地球で生きるために、地球上にミトコンドリアの体を作り、その体の中に入り込むことによって、地球での生活を可能にしているということですか？」

『そうです。また、同時にミトコンドリアの感情も体験します。地球はあえて次元を落として、五感を体験できるように作られていますので、ミトコンドリアを通して感じています。この意識を「わたし」と表現し、ミトコンドリアの意識を「私」と表現すると、よりわかりやすくなるでしょう。今、あなたがいるこの光の世界では、すべての願いがすぐに叶ってしまいます。何かを願った途端にすぐにそれが叶ってしまうのです。しかし、地球ではさまざまなものが不自由です。どこかへ行くにもすぐには行けませんし、何かが欲しくてもすぐに目の前には現れません。何らかの行動が必要なのです。ああ、なんて楽しい星でしょうか。五感をフルに使って、さまざまなことが体験できるのですから。だから「わたし」は地球上で大いなる経験をしたくなったのです。「わたし」の世界は情報空間にありますが、地球は物理空間、つまり物質の世界です。そこに「わたし」が存在するためには、肉体が必要です。そこでミトコンドリアにお願いをして、地球で「私」になってもらいました。そこに「わたし」が入ったということです』

「何でもすぐに叶ってしまうと確かにつまらないかもしれませんね。毎日が暇という感覚にもなりかねません。そう考えると、地球はさまざまな経験ができて楽しい場所とも捉えられるのかもしれません。ですが、私は地球でとても辛い思いばかりしていますよ」

『ですからそれは、「わたし」を忘れてしまっているからです。いつの間にかミトコンドリアである「私」の意識に支配され、あなたは「わたし」を見失ってしまいました。まあ、これは地球の設定が影響しているので仕方がない話ではありません。「わたし」を肉体へ閉じ込めておけるようにしてくれています。「わたし」の世界では、すべての願いが一瞬で目の前に現れてしまうので、せっかく五感の体験をしようと地球に来ているのに、ゲームのスタートと同時に最終ボスをあっさり倒してしまうような、そんなつまらない人生になってしまいます。だから「わたし」のパワーを封印し、肉体へ閉じ込めておくためにも、何も行動しなければ自動的にエネルギーは下降するように地球は設定されているのです』

「それって有り難いようで、実際にはまったく有り難くはないのですが……」

『肉体に入り込む時はワクワクしているのですけどね。五感って一体どんな感情なんだろうって。ですが、いざ肉体に入ってしまうと、「わたし」を忘れてしまうので、結局は今のあなたのように、悩み苦しみ、人生が辛くなってしまっているんですよね。そんなあなたを見ていられなかったので、こうやって特別にあなたをここへ引き上げたのです。とにかく先へ進みましょう』

4　二つの意識

「本当の『わたし』の意識とミトコンドリアの『私』の意識、この二つの意識が私の中に同時に存在しているわけですね。なんだか理解できたようで、まだ掴みきれていない気もするのですが、これら二つの意識がまったく異なるものであることが徐々にわかってきました」

『「わたし」の思考とは別に、「私」の思考は独自のリズムで動いています。この「私」の思考に振り回されている限り、「わたし」の思考したことを行動に移すかどうかは、「私」が勝手に決めているということです』

「なぜ『私』は『わたし』の意向を拒むのですか？」

『それは「私」であるミトコンドリアが模倣を好むからです』

「模倣ですか？　模倣って誰かの真似をするということですよね？」

『そうです。たとえば欲しい車があるとします。もしくは、行きたい場所があったとします。それは誰かが所有しているのを見て、または誰かがその土地に行った情報を見て、「欲しい」「行きたい」という気持ちになったのではないでしょうか？』

「確かによく考えてみると、私が欲しいものや行きたい場所は、メディア等を通して他人が持っていたり、楽しそうにしていたりする姿を見て影響を受けていますね。私の人生は、他人の生活を模倣することで形作られているということですか？」

『その通りです。羨望はすぐに自分の性格や行動に影響を与えます。他人を羨望して作られた人生、つまり他人と自分を比較する行為は、無限に続くトンネル状態。欲の終わりが見えなくなるのです。物質的には豊かなはずなのに、多くの人たちはかつてないほどの不幸感を抱いています。それは、インターネットなどを通じて他人との比較がいかに簡単になったかに起因するということです』

「今やスマートフォンで世界中の情報が見られる時代ですからね」

私は急に胸が締め付けられる思いがした。

「その中で見つけた、うまくいっている人を追っている自分がいます」

『しかしそれこそが「私」の本能というものです。「私」は周囲との同調を強く求めるのです。一人でいることの危険から逃れるために、「私」は常に他人と自分を比較し、その輪の一部になろうと努力するのです』

「生きるために周りと同調し、その一部になろうとするのですね」

『はい。ただし同調は重要ですが、比較は必要ないのです。たとえばトラックは多くの荷物を運べる万能の車です。トラックがフェラーリに憧れても、決してフェラーリより速くは走れません。トラックにはトラックの良さがあり、フェラーリにはフェラーリの良さがあるのです。現代社会ではフェラーリに乗ることが成功の証とされる傾向がありますが、アフリカのジャングルでは物をたくさん運べるトラックのほうが重宝されます。この事実を見落とし、フェラーリに一方的に憧れることは、自分の存在そのものを見失うことに他なりません』

「他人との比較をやめることが、その解決策ということですか？」

『そうです。他人との比較をやめること。これこそが、ミトコンドリアの意識、つまり「私」から脱却するための第一歩なのです。この第一歩を踏み出さない限り、あなたは本当の自分自身の人生を生きていないということです。他人が描いた幸福のスクリプトに沿って踊らされているだけなのです。他人との比較をやめると決意した瞬間から、見える世界はまったく違うものになっていきます。ミトコンドリアの意識をもっと深くまで理解することで、あなたのイメージはより鮮明になっていきます。ミトコンドリアの意識は一体どのような意識なのか、もっと深く一緒に理解していきましょう』

5　平均という名の呪縛

結局、私はどのような罠にはまっていたのだろうか。もっと深く、ミトコンドリアの思考を理解したくなった。

「あなたの思考はどのように作られているのですか？」

対面するミトコンドリアに問いかけた。すると、冷静な声でこのような言葉が返ってきた。

【統計です】

相変わらず一つのキーワードしかくれない。統計か。この言葉にはどのような意味が隠されているのだろうか。答えを教えてほしいとばかりに巨大な「わたし」を横目でチラッと見たが、そんな私を見透かしたかのように、穏やかな笑顔でこう言われた。

『少し自分の頭を使って考えてみましょう』

確かにそうだ。「わたし」に頼りっぱなしというのも良くない気がする。そもそも「わたし」が言うには、今の自分の思考はこの巨大な「わたし」と繋がっているはずなのだ。だから自分でも答えは導けるはずだ。頭をフル回転して考えてみよう。

「統計、おそらくこれは自分の周りの人たちの動向を観察し、その統計を取り、自分をその環境に順応させるのが目的ということかもしれませんね。もし私が戦国時代に生まれ、周りの統計も取らずに、馬に乗って自分探しの旅に出たとしたら、おそらくどこかの関所で捕まり、無残にも殺されるのが落ちですよね。つまり、今の自分がどういう環境に置かれているのかをしっかりと観察し、そこに順応するために統計を取る必要があるということではないですか？」

『いいですね。素晴らしい考察ですよ。今現在、自分はどういう環境に生まれ、どういうルールがあるのかを把握しなければ、すぐに淘汰され、最悪の場合は殺されてしまいます。統計を取るというのは自分の命を守るためにとても大切なことなのです。そして昨今では、この統計という言葉から、さらに派生したキーワードが出てきました。それは「平均」です』

「平均、ですか？」

『はい、「平均」です。私たちは自分の置かれた環境の中で平均を見つけ、そこに自分を当てはめようとするのです。この平均という言葉によって、人は他人と比べ、その平均より上にいれば優越感を、下にいると劣等感を抱いてしまうようになりました』

確かにこの世の中は平均だらけだ。身近なところで言えば、平均身長や平均体重なんかもそれである。日本人男性の平均身長は今現在171・5センチメートルだ。私は169センチメートルで平均よりも低い。身長は高いほうが良いと感じる人が大半である。なぜだろうか。

「私は日本人男性の平均身長よりも低いのですが、やはり身長は高いほうがいいなと感じる時があります。世間一般的にも身長は高いほうが良いという意見がほとんどではないでしょうか。その理由を深く考えたことはなかったのですが、一体なぜなのでしょうか？」

『ミトコンドリアの意識から考えれば、簡単に理解できますよ』

ミトコンドリアの意識か……。ミトコンドリアは生存本能で生きているわけだから、身長が高くて有利なことが関係しているのだろうか。

「それってもしかして、遠い昔、狩りをして生活していた時代は身長が高い人ほど狩りをするにも有利となり、生き残る確率が高まるから同性、異性、両方にモテた、ということですか？」

『そういう考え方もありますね。ミトコンドリアが原始時代からの思考をそのまま引きずっているということです。そこに平均身長という言葉は必要でしょうか？』

「まったく要らないですね」

『ちなみに、身長が高い人ほど体重は重たくなるのが一般的です。体は親から受け継ぐDNAに大きく影響されるので、生まれた時から大きい子どもは大きくなりがちですし、小さい子どもは小柄であることが多いです』

「当たり前の話に聞こえますが……」

『ところが、「平均」に注目しすぎてしまうと、「平均体重」という言葉にとらわれてしまい、自分の子どもが平均より痩せていると心配し、「体重」にだけフォーカスして、母乳だけでは足りないのだと思い込み、別の方法で体重を増やすことを試みます。「平均体重」が世の中に公開された背景を調べることで、何かを買わせるために作られた事実が浮き彫りになったりするのです』

言われて気づいた。日々、平均を意識しているにもかかわらず、なぜ、その平均が必要なのかはまったく考えたことがなかった。

「私も『平均』という言葉にたくさん踊らされてきたと思います。平均年収なども同じですよね。この平均年収よりも年収が高いと優越感に浸り、低いと劣等感に悩みます。ただし、平均はしょせん平均値であって正解ではないということですよね。『普通』という言葉もこれに近い感じがするのですが」

『その通りです。「普通」という言葉も平均と似た危険を孕《はら》んでいます。「普通に皆やっているから」という言葉をよく耳にすると思いますが、それに従うことが本当に正しいのかを考える必要があります』

「家族を持ったら普通はマイホームを持つべきという考え方があります。これは、繙《ひもと》いていくと、ローンを組ませるために作られた言葉とも言えるかもしれません。結局、家を建てることはできたけれど、その結果、多額のローンに苦しむ人々の話をたくさん聞きます。平均や普通という言葉に振り回されることなく、自分のペースで生きることの意味を改めて考えてみたほうが良さそうですね。私は本当に自分自身の人生を生きているのか、それともただ誰かの人生をなぞりながら生きているのかを」

『少しずつわかってきたようですね。順調ですよ。さあ、先に進んでいきましょう』

6　希少という名の呪縛

『ミトコンドリアに次のキーワードを聞いてみましょう。お願いできますか？』

【はい、予測です】

予測か。なるほど。徐々に「私」であるミトコンドリアの性質を掴めてきたかもしれない。

「つまり、自身の周りの環境の統計を取り、未来を予測していくということではありませんか？」

『その通りです。予測とは過去の統計データから導き出す予想のことです。ミトコンドリアは「豊富にあるものはいつでも手に入る」と予測するので所有欲が極端に減少します。逆に「限りあるものは未来では手に入らなくなる可能性が高まる」と考え、所有欲が異常に増すのです』

「『数量限定』とか『あと一品』という言葉に釣られて、つい商品を買ってしまったことが何度もあります」

『まさに、それこそが未来を予測した結果となります。この言葉に隠れているキーワードは「希少」です。これは少し考えただけですぐに理解できると思います。食べ物が残りわずかで、それが尽きれば命も尽きる、そんな状況で「私」は「生き延び、子孫を残す」ことを本能として行動するのです。その希少な物を、他の「私」に取られる前に自分の物にしたくなる。それが自分の生存を確実なものにするのです』

「なるほど。だからどんな商品でも残りわずかになった瞬間に、異常に所有欲が増してしまうのですね」

『この本能は相当に根強いです。目的のものを確保できなければ生存に関わるわけですから、かなり強い力が働きます。たとえば昔、トイレットペーパーがオイルショックで不足するかもしれないという噂が流れた時、お尻を拭けなくなるという恐怖から、皆が買い占めに走り、街からトイレットペーパーが消えたことがありました』

「お尻を拭けなくても命にはまったく影響ないですけどね……」

『本能は見分けがつかないので、こういった現象が起きるのです。17世紀に起こったオランダのチューリップ・バブルもまさにこれです』

「チューリップ・バブル、ですか?」

『黄金時代を迎えていたネーデルラント連邦共和国(現在のオランダ王国とその近隣諸国)で、オスマン帝国からもたらされたチューリップの球根が、信じられないほどの高値で取引されるようになったのです』

「球根が、ですか?」

『当時、珍しいこの植物は、貴族たちのステータスシンボルとなり、庭にチューリップが咲いていること自体が富の象徴とされたのです。品種改良が進むにつれて、珍しい模様のチューリップが作出され、さらに価格が天井知らずで高騰し続けました。球根一つが当時の平均年収の10

倍以上の価格で取引されることもありました。10エーカー（4万469平方メートル。東京ドームの1・15個分）以上の土地と交換されるほどの馬鹿げた取引が行われたりもしました』

「チューリップが、ですか？　まったく信じられないです」

『今、冷静に考えれば誰もが信じられない状況だと思いますが、当時の人たちはその術中に巻き込まれていたので、皆が熱狂したのです。もちろん、そんな状況が続くはずもなく、バブルはやがて崩壊しました。これが幻想の恐ろしさというものです。現実を見失い、価値があると信じ込まされることで、大きな失敗を招くのです』

「なるほど。昭和のバブルなんかもまさにこれと同じ状況ということですよね。土地の値段がうなぎ登りだったと聞いたことがあります。最近、私の友人が住んでいる国でも、同じような状況が起きていると聞きました。富裕層が集まる国なのですが、その中でも売り出した瞬間に完売するような大人気のマンションに住んでいるらしいのです。

そこに住み始めて気づいたのが、夜になっても全体の5％程度の部屋にしか明かりが点かないこと。95％の部屋は未使用ということです。おそらく、富裕層がこれからますます集まるという考え（幻想）から資産価値が上がることを期待して購入している人が多いのだと推測できます。

さらに周辺では建設ラッシュが続いており、マンションが次々と建っている状況です。発展している国、という幻想が続く限り買う人間はいるとは思いますが、その幻想が解けた瞬間に、暴落するのは目に見えていますよね」

『その通りです。人は幻想に踊らされやすく、すぐに自分を見失ってしまう習性があります。世の中を見渡すと、本当にたくさんの幻想に踊らされていることに気づきますよ。ちなみにこれは物質だけに限りません。愛もまた希少なものとされると、人々はそれを必死に求めるようになります。ロミオとジュリエットのような禁断の愛がまさにその典型でしょう。希少性が愛をさらに焦がれさせるのです』

「昔、テレビで見たのですが、大恋愛中の愛人を屋根裏部屋に何十年もかくまっていた男性が、その後、奥さんにバレて離婚し、すぐに愛人と結婚したところ、速攻で別れてしまったらしいです。結局、希少性がなくなってしまったということですかね」

『わかってきましたね。そういう目線で世の中を見ていくと、本当に見え方が大きく変わっていきますよ。川に落ちている石ころは誰も欲しがりません。いつでも手に入るからです。

もしお金が石ころのように道端に落ちていたらどうなりますか？　初めは皆、大量に拾い集めるかもしれませんが、やがてその幻想はなくなり、次第に誰も拾わなくなります。結局は石ころと同じになるのです。

また、人が生きていく上で欠かせない空気は本当に大切な存在です。人間は空気がなければ一瞬で死に至ります。しかし、空気はいつでも吸えるので誰も集めようとはしません。ですが、水中ではその存在が貴重なものとなり、大切に扱うようになります。つまり「私」は命を守るために、少ないものはより多く確保しようと必死に努力してくれているということなのです』

商売にこの原理を応用すると、人々は熱狂し、商品がバカ売れしてしまうのではないかとふと想像してしまった。「私」の本質を解剖していく中で得られる知識を悪用すれば莫大な富を築けてしまう。つまり、この内容は天使の書でありながら、悪魔の書にもなり得る事実に気づいてしまった。まさにコインの表と裏、本当に使い方次第で天使にも悪魔にもなるこの内容を、私は慎重に活用しようと背筋を改めて正した。

7　マウントという名の呪縛

「人間が高いものを欲しがるという行為は、希少性とも深く関係していますか？」

『もちろんです。高級ブランドに身を包み、高級バッグに高級な靴、そして高級な車に憧れる人間は希少性に翻弄されています。高級なものを身に纏《まと》うことで自信が持てるというお話をよく聞きます。お金をパワーに変換できるというわけです。お金がたくさんあるということは、それだけ安全に命を守れるということに直結するわけです』

「つまり、モテるということですか？」

『そうです。原始時代には肉体が強い人間がモテました。肉体が強ければ狩りもできるし、ウイルスに勝つ確率も高まるので、肉体が強い人ほどモテました。しかし、現代では肉体の強さはスポーツなどの世界で生きない限りはそれほど必要としません。現代でその肉体の強さに変換できるのが資本力ということです』

「現代は高級ブランドに身を包むことで、自分をすごい存在だと周りにアピールできるわけですね。同性にマウントを取れば取るほど異性にモテて、子孫をより多く残すことができるという本能がこういう思考を生んでいるのですね」

『そういうことです。ただし、モテると言っても、それはミトコンドリアにモテるということですから気をつけてくださいね。本当のあなた、つまり「わたし」にとって、それはどうでもいいレベルのお話なのです。結局は、ミトコンドリア同士が抽象度の低いところでモテる、モテないを繰り返しているだけなのです』

「なるほど。私の意識がまたミトコンドリアの意識になっていました」

『しかし、昨今では風向きが変わってきてもいます。高級ブランドに身を包むのがダサいと思う人間も現れてきたのです。あなたもその風を感じているのではありませんか？』

「ミトコンドリアに翻弄されていることに、世の中も気づき始めたということですか？」

『それもあると思いますが、でも、気づいている人はほんの一握りにすぎません。まだまだミトコンドリアに翻弄されている人たちばかりです。ミトコンドリアの性質から考えてみてください』

「パワーの源が肉体の強さからお金の量に変わったように、このお金の量からまた違うものに変化してきているということですか？」

『鋭くなってきましたね。その通りです。お金に変わる新たなパワーは「信用」です』

「信用……」

『実際、この信用を増やすために必死になっている人が増えています。ＳＮＳで必死にフォロワー数を増やそうと努力する行為はまさにこれです。お金をいくら注ぎ込んでも、信用はなかなか得られません。逆に、信用をお金に変換しようとすると、いとも簡単に変換できます』

「ですが、信用はお金と違って我欲な感じがしないのですが」

『信用を得たいと思っている時点で、それは我欲ではありませんか。信用を得ることで自分の身の安泰を確保しようとするのは「私」の思考に他なりません』

「あっ、そういうことですか。また『私』の思考になってしまいました」

『大丈夫ですよ。ほとんどの人たちが「私」に踊らされてばかりですから。さあ、次に行きましょう』

8　確率という名の呪縛

【回避もします】

『次なるキーワードが来ましたよ。「回避」です。これまでのお話を思い出して考えてみてください』

目の前の等身大の「私」は相変わらず淡々と無表情で話し、巨大な「わたし」は楽しそうに私に質問を投げかけてくる。

「回避ですか。んー、それはつまり統計を取って予測し、命に危険が及びそうであれば、それを回避するための行動をとるということではないですか？」

『いいですね。あなたはテレビやインターネットでニュースを見ますか？』

「世の中の経済情報、あとは事件などに関するものを見ることが多いですね」

『では、もしニュースの内容が日々の平和な出来事を流しているだけだったらどうでしょうか？』

「それは参考にならないので見ませんね」

『ニュースを流しているのはメディアであり、メディアは視聴者がいなければ成り立ちません。そのため、滅多に起きない事件を取り上げることで、視聴者を集めています。少し考えてみてください。滅多に起こらない事件を日々集めて放送するのがニュース番組の役割であり、その中には人間が引き起こすさまざまな事件が含まれているわけです。これを目にするたびに、人々の中には恐怖が増長されていくことに繋がると思いませんか？』

「確かに、ニュースで取り上げるような事件が日常的に周りで起きていたら、世の中、それこそ地球は破滅していますよね」

『そうなのです。よく考えてみてください。滅多に起きないような事件を起こす人間は、数百万人、いや数千万人に一人の割合かもしれないのです。確率は0・001%や0・0001%程度。他の99・999%の人々は、そうした事件を絶対に起こさないような人たちなのです。統計学やデータ分析などで広く利用されている「ベイズの定理」というものがあるのですが、この数式によれば、統計学的にほとんど起こらないことに何らかの要因が加わったとしても、結局はほとんど起こらないのです。飛行機がどんなに急降下して揺れようとも、墜落する確率は0・00001%しかないということです。しかし、地球では本当にわずかな脅威のために日常生活においてさまざまな防御策を講じる必要があります。家には鍵をかけ、盗難に備えなければなりません。インターネット上の誹謗中傷も同様で、多くのファンに応援されているアイドルでさえ、たった一人のアンチによって精神を病むことがあるのです。99・999%の肯定的な書き込みの中で、0・001%の否定的な書き込みが目立ってしまうのが現状なのです』

「ニュースを見るたびに恐怖を感じ、さらにガードを固めてしまうということですね。これが重なり続けることによって世の中は事件だらけだと錯覚し、動かないことが一番安全だと選択する可能性だってありますよね」

『そのように間違った思考で固められてしまい、閉じこもってしまう人たちが後を絶ちません。

そもそも過去に基づいて未来を予測することはできないのに。この世の中はランダムでできているのですから』

「ランダム、ですか？」

『そう、ランダムです。ちなみにですが、人は起業することに躊躇《ちゅうちょ》しますよね。それはなぜですか？　失敗が怖いからですよね。では、何をもって失敗とするのかを考えたことはありますか？　多くの人はここを追究しません。自分が手掛けるビジネスがうまくいくかいかないか、ただそれだけが起業の意義だと思っています。起業の失敗とは、簡単に言えばお金が尽きることです。つまり、お金が尽きない限りは失敗しないということなのです』

「このお話は私も何となくできます。私もこれまでビジネスで何度も失敗を経験してきて、そこで見つけ出すことができた法則があるのです」

『ぜひ、聞かせてください』

9　確実という名の呪縛

「私は以前、化粧品を売っていました。通常、化粧品を売るとなると、まず、どのような化粧品を売りたいのかを考え、その商品を作り、商品が完成したらそれを店舗やインターネットで販売し始めます。その商品が当たったら成功となり、外れたら失敗となります」

『それがビジネスというものですね』

「はい。起業する人たちは全員必ず当てたいわけですから、市場をしっかりと調査し、顧客の需要を理解した上で製作するはずです。必死に市場調査をすれば当たる確率はかなり高いはずです。ほとんどの人は１００％当たると思ってスタートするでしょう」

『そうですね。多くの人たちは必ず当たると思ってスタートしています』

「しかし現実には、当たる確率は50％、外れる確率も50％です。丁半博打と確率は一緒です」

『ここは、ほとんどの人が勘違いしているところですね。よく自分で気がつきましたね』

「ありがとうございます。これは仲間がいたからこそ気づけた事実です。そんなの嘘だと言う人もいると思います。資金力があり、優秀な人材さえいれば、確実に成功するだろうと。しかし、これが大きな罠なんです。実際に以前、世界のトップ企業がとてつもない資金と優秀な人材を投入して新たなデバイスを作り発表したのですが、大失敗でした。逆に、資金に乏しい新興企業が限りある資金と人材で同様のデバイスを作ったところ大当たり。限られた資金で製作しなければならなかったために余分な機能をすべて取り除いた結果、それが市場で受けたのです」

『どんなに資金があろうが、どんなに優秀な人材がいようが、当たるかどうかは市場に出してみなければわからない』

「そうです。ここを理解できた後から、ビジネスのやり方が大きく変わっていきました。さらに、当たる確率が50%ということは、1回のチャレンジよりも2回、2回のチャレンジよりも3回と、チャレンジの数が増えれば増えるだけ当たる確率は上がることに気づいたのです。1回目のチャレンジで全資金を投入することがどれほど馬鹿げたことかが理解できました」

『まさしくそれがランダムということですね。単純なことのようで、実はとても気づきにくいことかもしれません。そこにちゃんと気づき実践しているのはとても素晴らしいです。ちなみに、これは決してビジネスだけに限らないお話ですね。「ゲルニカ」などで有名な画家ピカソは生涯で15万点もの作品を作ったと言われています。しかし、名画として知られているのは、ほんの一部です。発明王エジソンは電球の発明に取り組む際、数千回もの試行錯誤を行い、「私は失敗したのではない。うまくいかない方法を1万通り発見したのだ」という言葉を残しています』

「彼らは成功が100%ではない事実を知っていた、ということですね。私はこの事実に気づく前に大失敗を経験しています。24歳の時、ニーズがあると思い、託児所付きの飲食店を開店させ、貯めたお金と借りたお金を全部開業資金に投入してしまいました。起業したのも初めて、飲食店を開業したのも初めて、そんな初めてだらけの状況で、全資金を一度に投入するなんて今思えばあまりにも馬鹿げていますよね。結果は、目論見が外れて大失敗となったわけです。初月から大赤字が続き、借金返済と資金繰りに追われる日々が続きました」

『その頃も、ここからしっかりと見ていましたよ。その時も暗闇の中に佇んでいたので、ここからあなたへ、世の中はランダムだというヒントを与えたのです』

「そうでしたか。あの後、奇跡とも思える出会いがあり、そのお陰で法則を導き出すことができたので、あなたがコントロールしていたのだと思えば納得です。自慢げにお話ししてしまった私が恥ずかしいです」

『あなたが学んでいく姿を見て嬉しく思っていましたよ。それで化粧品はどうなりましたか？』

「お金を極力減らしたくなかったので、最初は売る場所をインターネットのみにしました。店舗を作るとお金がかかるので、当たってからでいいと思いました。また、化粧品も初めから作ってしまうと負債になりかねないので、市場でちゃんと売れるかどうかを作る前に確かめることができればと考え、商品を作る前にネット上で予約販売をしてみたのです。そして、たくさん予約が入った商品だけを作り、後は販売をやめる。これだけで50％という確率を限りなく１００％に引き上げることができるようになりました。確率を味方につけたということです」

『確率が50％の世界で、いかに多くのテストをすることができるかを考えることが重要ということですね。素晴らしいです。ランダムの説明で、あなたは十分理解していることがわかりました。それでは次に進みましょう』

10　不足という名の呪縛

【生存が一番重要です】

『これは、ミトコンドリアである「私」からの最後のキーワードです。ここまでのお話を今一度思い出して、「生存」という言葉について考えてみてください』

「生存ですか。生きるということですよね。よくよく考えてみると、これまでのキーワードは、すべてこの生存のために働いているのではないですか？　生きるために必要なエネルギーを確保し、次なる命へと繋げるために、『私』は、ひたすらにこの行為を続けているように思います」

『まさにそれです。ここが理解できると、人間のすべての行為が理解できますよ。お腹が減った状態でスーパーに行き買い物をした時と、お腹がいっぱいになった状態でスーパーに行き買い物をした時をイメージしてほしいのですが、どのような違いがあるでしょうか？』

「お腹が減った状態でスーパーに行くと、見るものすべてが美味しそうに感じ、必要のないものまで買ってしまいそうになります。逆にお腹がいっぱいの時は、もう食べ物は何も見たくないので、買い物をする量が極端に減りますね。満腹の時に揚げ物売り場に行くと、匂いに少し気持ち悪くなったりもします」

『それだけお腹の状態によって思考が左右されるということですね。満腹の状態で高級なお寿司を奢ると言われても、まったく嬉しくありませんよね。むしろ、お腹が空いている別の人に食べさせてあげてほしいと思いませんか？　逆に飢餓状態の時には、人に優しくする余裕なんてないと思いませんか？　まずは何か食べ物を確保して命を保とうとミトコンドリアが必死になっているのです』

「ミトコンドリアである『私』は、満たされると落ち着き、極度に満たされないと暴れてしまうということですね」

『そうです。犯罪する人間を考えてみても、この事実がそのまま当てはまります。罪を犯す人は「私」が満たされていないということです。必要なエネルギーを確保し、必要な休養をしっかりと取り、安全に守られている人間が罪を犯すことはありません。性犯罪はまさにその表れです。人は生命が危うくなると性欲が高まります。必要なエネルギーが足りていない状態、十分な休養が取れていない状態の時は、生命を繋げるために性欲が高まります。その状態でメディアやＳＮＳによる性犯罪の事件やセクシャルな映像を見ることによって妄想が増幅されるのです。これが限界値に達すると「私」は暴走してしまうということです』

「悪循環ですね……」

『だから、そうならないためにも「私」をちゃんとコントロールしなければならないのです。その方法は、この後しっかりとお伝えしていきますね。ちなみに、ミトコンドリアは生存を重要視するということが理解できれば、体に起きるさまざまな反応も、すぐに理解できるようになります』

「体への反応、ですか？」

『そうです。たとえば、大きな天災に遭った時、不安で眠れなくなってしまったという人の話を聞いたことはありませんか？』

「ニュースなどで、見たことがあります」

『これは正常な反応なのです。大きな天災に遭った時、ミトコンドリアは第一に命を守ろうとします。人間は眠っている時が一番無防備な状態です。つまり、体を眠らせないことが命を守るのに最適だと判断し、あえて眠れなくしているのです』

「なるほど。不安で眠れないという人は、不安だから眠れないのではなく、ミトコンドリアが自分の命を守るために、眠らせないようにしているわけですね」

『その通りです。むやみに薬などに頼ってはいけないのです。ミトコンドリアが正常な生活に戻ったと理解すれば、また正常な睡眠状態に勝手に戻ります。薬などに頼ってしまうと、正常な状態に戻っても、薬に頼る生活から抜け出せなくなってしまうのです』

「ミトコンドリアの思考をしっかりと理解できれば、このような間違いは起こさずに済みますね。ミトコンドリアの思考が大枠で理解できてきました。

「これまで『私』だと思っていた思考が、実際にはミトコンドリアの思考だったということですね」

『わかってきたようですね。今まで「私」だと思っていた思考は、すべてミトコンドリアである「私」の思考だったわけです。もちろん偶然にも「わたし」が顔を出す瞬間がありますが、ほとんどは「私」の思考を使って生きています。つまり、世の中は「私」の思考を中心に回っているということです。次は、世の中と「私」の関係性を見ていくことにしますので、ミトコンドリアには地球に戻ってもらいましょう。お疲れさまでした』

その時、突然目の前の「私」の足元に1メートルほどの穴が開いた。

【また後で。さようなら】

そう言って、ストンッと暗闇へ落ちていった。先に地球で待っているということなのだろう。

「また後で」と、心の中で呟いた。

この世界の大幸運の法則

第二章　世の中の正体

1　世の中はエネルギーボールだらけ

『ここからは特に重要なお話になります。しっかり理解してくださいね』

私は改めて姿勢を正した。

『簡単に言えば、この世の中はエネルギーボールでできています』

「エネルギーボールとは、何ですか？」

『エネルギーボールとは、人間が集団を形成し、同じ方向に物事を考え行動を起こすことによって生まれるエネルギー情報体、つまり同一の情報を集団で共有したエネルギーの塊のことです。大きめのお茶碗の中に大小さまざまなスーパーボールがたくさん入っている様子を思い浮かべてください。これが地球の状態です。お茶碗の内側が地球で、スーパーボールがエネルギーボールです。家族、学校、会社、宗教、国など、さまざまなエネルギーボールがありますが、人は必ずどこかのエネルギーボールの中で生きているのです。人が集まり、同じ方向に向かって物事を考え始めると、エネルギーボールが生まれ、人が集まればより大きくなり、エネルギーを増していきます。エネルギーが増すと、世の中に与える影響はより大きくなります。さて、このエネルギーボールですが、ある共通する特性があります。何だと思いますか？』

「ん？　特性ですか？　安心を与えることですか？」

『逆です。エネルギーを奪うのです』

「エネルギーを奪う？　そんな馬鹿な」

『エネルギーボールは、属している人間のエネルギーを奪いながら活動するのです。たとえば、会社というエネルギーボールは、社員のエネルギーを奪いながらエネルギーを持続させています』

「なるほど。だから、仕事帰りに電車に乗っている人たちは疲れ切っている人が多いわけですね」

『その通りです。そして家に帰り、ご飯を食べてお風呂に入り、ゆっくり眠ることでまたエネルギーはチャージされます。最近は、このエネルギーチャージを十分に行わない人が増えてしまっているので、朝の電車でも疲れ切っている人たちが多いようですね』

「エネルギー不足で会社に行って、またエネルギーを奪われたらゼロになっちゃうじゃないですか？」

『そうですね。ゼロになってしまうとミトコンドリアが暴れ出し、脳にエネルギーを送らなくなったりして、最悪の場合、鬱になったりしますね』

「めちゃめちゃ大変じゃないですか！　逆に会社に行ってもあまり疲れないという人もいますが、これはどういうことですか？」

『その仕事が天職の場合がありますね。天職は言葉の通り、天の職、つまり、「わたし」が地球上で情熱を燃やせる才能に合致した理想の職業なので、「わたし」が顔を出すことが多くなり、エネルギーは減りません。このことについては後でまた詳しくお話しします。また、楽しくストレスがかからないような会社もエネルギーは少ししか奪われませんし、健康的な野菜などを福利厚生として社員に提供している会社もあります。これは、自宅に帰った後にしっかりとエネルギーチャージができる仕組みなので、エネルギーが満タンの状態で全員が出社してくれます。毎日エネルギーが満タンの社員だらけであれば、売り上げが上がるのは当然の話です』

「なるほど。ストレスが強くかかる会社にいると、エネルギーを奪われるうえに、家に帰ってもストレスを解消するのにお酒を飲み、エネルギーがチャージされない状態で出社することになり、また会社でもストレスがかかる。悪循環の末に最後には限界がきてしまうわけですね」

『まさにその通りです。また、毎日幸せを見つけることが大切だよ、という言葉を聞いたことがあると思いますが、これも言葉だけだとすぐにエネルギーは枯渇します』

「えっ、そうなのですか？　小さな幸せを見つけることが幸運に繋がると何度も聞いたことがありますが……」

『何度も聞いたことがあるということは、実践したこともあるということですよね。どうでしたか？　幸運になりましたか？　毎日、歯磨き粉のチューブから、無理やり中身を絞り出している感じがしませんか？』

「確かに、何とか幸福を探さなければと必死になっていた気がします。で、結局すべて絞り切ってしまって、中身が空っぽになっていた気がします」

『幸運を探す行為は「私」のエネルギーを使って行うので、なくなるのは当たり前です。「わたし」のエネルギーの源は宇宙の無限のエネルギーから来ますので、いくらでも手に入るのに。まあ、これは後でゆっくりお話ししましょう。エネルギーボールの話に戻ります。世界は「私」のエネルギーを使ってエネルギーボールを作り、お茶碗の中を移動しています。でも、エネルギーボールがゼロになったらエネルギーボールは消滅してしまいます。たとえば、集団のエネルギーボールは、集団を形成する人間がゼロになったら崩壊しますよね？』

「なるほど。イメージできました」

『エネルギーボールであり続けるには、エネルギーを奪う必要があるのです。ちなみに、世の中のエネルギーボールは、どのようなエネルギーを奪って大きくなっていると思いますか？』

「やる気とか、元気とかですか？」

『**逆です。ネガティブエネルギーです**』

「えっ？　まったくの想定外です」

『ここはとても重要なポイントなのですが、世の中をよく見渡してみてください。ネガティブなエネルギーボールが拡散していませんか？　ネガティブエネルギーは抽象度が下がり、重たくもなるので、ベクトルの方向を固定しやすいのです。だから、とても奪いやすい。逆に、ポジティブエネルギーは思考が自由なので拡散してしまい、奪いにくいのです。ポジティブエネルギーに関しても後でゆっくりお話ししますね。ネガティブなエネルギーボール同士で奪い合ったりもします。戦争なんかは、その最たるものです』

「確かに、ＳＮＳでもネガティブな話題のほうが拡散されたりしますね」

『そうなのです。世の中はネガティブなエネルギーだと奪いやすいので、思考をそちらへ引っ張るような動きをするのです。ニュースもネガティブな内容が本当に多いですよね』

「毎日、不景気の話や事件だらけで、嫌になる時があります」

『それは、あなたのネガティブなエネルギーを奪いたいからそうなっているだけです。ニュースも誰かが見てくれないと成り立ちませんからね。だからエネルギーを集めるために、ネガティブな情報をたくさん振りまいているのです』

「それじゃあ、ネガティブなニュースを見ているだけでも、私のエネルギーは奪われているということですか?」

『その通りです。そんなニュースを見るたびに、あなたの世界観はどんどん悪化していきます』

「どうすればいいんですか?」

『簡単です。受け入れないことです』

「受け入れない?」

『そうです。ここで答えを言ってしまいますが、このエネルギーボールは「わたし」のエネルギーで作られているわけではありません。ミトコンドリアである「私」のエネルギーによって作られたものです。つまり、あなたが「わたし」を忘れて「私」でいる限りはエネルギーを奪われ続け、「わたし」になれば、そもそも世界に翻弄されることがなくなりますので、あなたから奪えるネガティブエネルギーは存在しなくなります。世の中のエネルギーボールが必要とするエネルギーがあなたに存在しないということは、あなたからエネルギーは奪われないということになります』

「ちょっと頭を整理させてください。世の中は人間のエネルギーを奪ってエネルギーボールを作って活動していて、そのエネルギーはミトコンドリアの『私』のエネルギーを奪っていると。

つまり、私がこれまで生きてきた世界はミトコンドリアの『私』だらけの世界ということですか？」

2　性善説と性悪説

『まさにその通りです。あなたたちが古代から討論している性善説と性悪説のお話をすると、より深く理解できるかもしれませんね。この二つの説はご存じですか？』

「人は生まれつき善なのか悪なのかって話ですよね？」

『そうです。性善説とは、古代中国の哲学者、孟子《もうし》が、人間の本性は善であると説いたお話です。彼の考えは、すべての人が生まれつき善なる心を持っており、その心は外界の影響により開花するというものです。孟子は、人間の心に宿る仁義礼智《じんぎれいち》という四つの徳を「四端《したん》」と称し、これらが人間の本質であると主張しました。彼は、社会や教育がこれらの徳を引き出す役割を果たすと信じていました。性善説は、人間が本来持つ内なる善が正しく育まれれば、誰もが道徳的に優れた存在となり得るという希望に満ちた見解です』

「素晴らしい考えですよね。私も同意見です」

『その対抗馬として、荀子《じゅんし》が性悪説を提唱しました。荀子は、人間の本性は利己的であり、欲望や競争心に支配されていると説いています。彼は自然のままの人間、つまり教育を受けず規律に欠けた人間は混沌とした状態に陥りやすく、道徳や秩序は後天的な教育と法律の力によってのみ確立されると考えました。性悪説は、人間が生まれつきの本能を制御し、社会の中で調和を保つためには、厳格な規律と教育が不可欠であると強調します。荀子の視点では、人間の本性が悪であるがゆえに、倫理や法の力が求められるのです』

「この説も納得できる部分があるんですよね。でも何というか、やっぱり人間ってもっと深い部分で愛に満ち溢れているというか、良い存在だって思ってしまう自分もいるんですよね」

『素晴らしい感覚です。その直感通りですよ。わかりやすく言えば、

性悪説は「私」であり、性善説は「わたし」なのです。

つまり、両方が私ということですね』

「でもそれって、ミトコンドリアが悪者ってことになりませんか？」

『そこがこの話の重要な部分なのですが、ミトコンドリアは本能だけで思考します。生存のために環境から学んでいくのです。つまり、悪が強い世界観の中で学ぶことによって、悪がより強まっていきます。悪が強まれば強まるほどに「わたし」を忘れてしまいます。最終的には見えなくなるので、「わたし」の存在は完全にゼロになってしまいます。そうなると根底には悪しかないので、結果的に性悪説になるというわけです』

「なるほど。でも、生命を存続させるために頑張っているだけなので、ミトコンドリアが悪いって感じもしないですね」

『そうなのです。ミトコンドリアは純粋に生命の存続のために本能的に動いているだけなので、

決して悪というわけではないのです。環境がそうさせたということです』

「世の中がネガティブな感情を受け取ってエネルギーボールを大きくしていくわけなので、そのエネルギーボールは一人でも多くの人を巻き込んでいき、ネガティブエネルギーを吸収しながら、どんどん拡大していくわけですね。まさに悪循環ってやつですね」

『はい、ただ忘れてほしくないのが、根底には必ず「わたし」がいるということです。「わたし」を思い出し、「わたし」で生きる人たちが増えれば、世の中はポジティブなエネルギーに切り替わっていきます』

3　哲学、心理学に終わりが見えない理由

『孟子の性善説や荀子の性悪説だけではなく、孔子や老子、フロイトやユング、ナポレオン・ヒルやデール・カーネギーなど、さまざまな偉人たちが、これまで人間の心に関して研究し説いてきました。釈迦の教えもまた、人の心を説いています。釈迦の一側面である哲学から繙かれた心理学が、やがて実験心理学（科学的な実験検証を行い、人間の行動の背景にある脳の仕組みや心理的メカニズムを理解しようとする学問）としての科学的アプローチで解析され、さらに認知心理学が生まれるなど、心理学もさまざまな進化を遂げてきました。しかし、決定的な心理学理論は未だに生まれていません。なぜでしょうか？』

「これも『私』と『わたし』が関係しているのですか？」

『まさにその通りです。「私」は本能で行動を起こしますから、ある程度の予測が立てられます。犯罪プロファイリングはまさにそれです。犯罪プロファイリングは、犯罪捜査において犯人の特性や行動パターンを推測するために用いられる手法です。犯罪プロファイラーは、犯罪現場

の証拠、被害者の特性、犯罪の方法などを分析して、犯人の心理的特性や行動パターンを推測し、逮捕への有力な情報を提供します。それによって、多くの事件が解決されてきました。そう言うと、行動心理学はかなりの精度が期待できると思うかもしれません。ですが、一つ注意してほしいことがあります。それは、

犯罪は必ず「私」の暴走が原因だということです。

「わたし」の状態でいる人は、犯罪をするはずがないからです。つまり、犯罪のような「私」の暴走で起きる事件では行動心理学が有効ですが、「わたし」が介在すると、「わたし」は無限であるため、予測は不可能になります。「私」を10個のパターンで予測できたとしても、そこに「わたし」が現れた瞬間に無限が掛け算され、結果は無限となってしまうのです』

「なるほど。心理学はあくまで人間の思考は一つだけというスタンスですが、実際には『わたし』という存在が隠れているため、その『わたし』が何かの瞬間に顔を出してしまい、そこでエラーが発生するということですね」

『その通りです。たとえば、フロイトの心理学は人間の心の深層に潜む無意識の力を探求し、

それが行動や思考に与える影響を解明しようとしました。心の構造を意識、前意識、無意識の三層に分け、意識は私たちが現在認識している思考や感情、前意識は意識に容易にアクセスできる記憶や知識、無意識は普段は意識に上ることのない深層にある欲望や衝動、抑圧された記憶を含む領域と捉えました。無意識の力が私たちの行動や感情に強い影響を与えると考えたのです。フロイトの心理学は今でも絶大な称賛を受けていますし、もちろん素晴らしい考察です。

しかし、これもあくまで私は「一人」という認識です。ミトコンドリアとしての「私」と本当の「わたし」の二人という認識を持つことで、捉え方はまったく違って見えてくるのです』

「確かに、『私』と『わたし』の二人の私で考えることで、見え方がまったく変わってきますね」

4　ペンギン王国

『先ほど、エネルギーを奪われないためには世の中の出来事を受け入れないことだとお話ししました。受け入れることで世界観が悪化することがおわかりいただけたでしょう。抽象度が下がるほど「わたし」は消えていき、まさに負のスパイラルが起きるというわけです。ところで、嫌いな食べ物はありますか？』

「私はトマトが苦手です」

『あんなに美味しいのに苦手なのですね。苦手で食べられないわけですよね？　トマトが嫌で仕方がなく、目に入るとイライラする。どうにかしてこの世の中からなくせないか考えている。世の中にはどれほど消さなければいけないトマトがあるのか、種から消滅させればいいのか、畑を焼き払えばいいのか――』

「いや、トマトはただ苦手なだけで、そこまでの存在ではないです」

『それでは、それが戦争だったら？』

「戦争は本当に嫌いです。この世の中からなくなればいいと、ニュースを見るたびに思っています」

『同じことです。トマトをこの世の中から消し去ろうと考えるということは、苦手なトマトのことを誰よりも考えているということです。だから、あなたにはトマトが現れる現象が頻繁に起こるのです。苦手な人間、恨んでいる人間、妬んでいる人間がいると、その人間のことが頭から離れなくなりませんか？ それは結局、誰よりもその人間のことを考えているということになるので、あなたにはその嫌な人間に関する現象が次々と起こるのです。さらに言えば、これは苦手なものだけとは限りません。「お金がない」と言う人は、「お金がない」という現象を誰よりも考えているということです』

「納得です。本当にわかりやすいですね。もしかして、これらはすべて、ネガティブなエネルギーを奪われることに繋がりますか？」

『素晴らしい。理解してきましたね。まさにそれです。イライラする相手のことを考えれば考えるほど、相手のエネルギーボールにエネルギーを奪われることになります。相手も感覚的にエネルギーを奪っているのを感じることができるので、より挑発してくるのです』

「なるほど。確かに時間の経過と共に憎悪が増したりしますし、憎悪が増すほどに疲れていく自分がいました。これってどうすればいいのですか？」

『やはり、受け入れないということです』

「相手の挑発には乗らないということですか？」

『そうです。挑発してくる人がいても、受け取らずにスルーするのです。相手は思ったような反応が返ってこないので拍子抜けします。あなたからネガティブエネルギーを受け取ることができないので、どうしていいのかわからなくなってしまうのです』

「それは爽快ですね」

『それもよくありません。相手が拍子抜けしている姿を見て爽快だと思うことは、相手を挑発していることにも繋がります。結局また、ネガティブエネルギーの奪い合いが始まってしまうのです』

「スルーするって意外と難しいですね」

『そんなことはありませんよ。後で「わたし」の状態になる方法もお伝えしますので、常にその状態であればスルーすることは簡単なのですが、現段階でも簡単にスルーできる方法があります。周りの人たちを全員ペンギンにしてしまうのです』

「ぺ、ペンギンですか?」

『はい、ペンギンです。別にペンギンじゃなくても、あなたが可愛いと思える動物なら何でもいいです。ウサギとかでも可愛いですね。たとえば、嫌いな上司が突然、理不尽に怒ってきたとします。でも、その上司はペンギンなのです。ペンギンが手をパタパタさせながら何か言っているのです。可愛いと思いませんか? もしイメージできなかったら、水族館に行って実際にペンギンを見てください。ペンギンと対面して、そのペンギンが「何でイワシをもっとくれないんだ!」と怒っていると想像してみてください。可愛いですよね』

昔、会社勤めをしていた時に、とても怖い上司がいて、いつもビクビクしていたのを急に思い出した。毎日怒られるので、毎朝、会社に行くのが本当に辛かった。そのせいでいつも会社を辞めたいと思っていた。でも、その上司がペンギンだったらと想像したら、なんだか本当に可愛く思えてきた。

「確かに、ペンギンが怒っていても何も感じないですね」

『そうなのです。だから、周りの人たち、特に自分に攻撃をしてネガティブエネルギーを奪おうとしている人たちをペンギンと思う癖をつけると、ネガティブエネルギーは奪われにくくなります。人間は思考によってエネルギーの状態がまったく変化するのです。もっとわかりやすい例があるのでお伝えしましょう』

5　現実はすべて思考が作る

『自宅のリビングの真ん中に立っている自分を想像してみてください。どう感じますか？』

「んー、まあいつも通りの感じで、落ち着くと言えば落ち着きます」

『それでは今度は、とても高い、30メートルは優に超える細長い煙突をイメージしてみてください。その煙突の一番てっぺんは、直径わずか30センチメートルの円のサイズしかありません。その上に立ってみてください。どう感じますか？』

リアルにその状況を想像してみると、急に血の気が引いていくのを感じた。

「体中がざわざわ震えて恐怖で失神しそうです」

『なぜでしょう？　地球上に立っているということでは、二つの状況は共に同じですよね？』

「まったく同じではないですよ。煙突の上は落ちたら確実に死に至りますよ。ちょっとでも強風が吹いたら一巻の終わりです」

『なるほど。では、そこが無風だったらどうでしょう。無風なら、家のリビングで立っているのと同じではないですか？』

「いえいえ、まったく違います。煙突の上にいると、何か妙に下から引っ張られてしまうように思います。錯覚だとわかっていても陥りそうです」

『まさにそこです。思考があなたの今いる状況に意味を持たせているのです』

「でも、落ちたら終わりなのは間違いないのですから、正常な思考だと思います」

『そうです。ミトコンドリアは、生命を守るために、現在の状況から最悪の事態を想定して思考を巡らせる習性があります。煙突の上にいるのであれば、落ちたら終わりという最悪の想定から身を守るためですね』

「その想定のもとに、体を震わせて恐怖を煽っているということですか？」

『はい、ミトコンドリアは少しでも安全な場所に移動させたいので、とにかくそこは危ない場所だと体中に指令を出しているのです。これはミトコンドリアが肉体を存続させるためです。何度もお伝えしてきましたが、ミトコンドリアは本能的に生存ということだけにとにかく集中しているのです。ただ、この有り難い本能が、逆に人間の行動を極端に制限することもあるのです』

「どういうことですか？」

『自然界の法則には、過剰なエネルギーは抑えるという性質があります。つまり、均衡を保つエネルギーが発動するのです。これは人間だけではなく、全生命で発動します。何か突然変異で異常な生命ができてしまったら、皆で抑制するのです。太古の地球でも、あまりにずば抜けた能力を持った人間は抑制された時代もあったのです。極端なエネルギーがそこら中に生まれてしまったら、すぐにカオスの状態となり壊れてしまうのは誰もが容易に想像できますよね。この均衡を保つエネルギーは、自然界を守るためにとても大切なエネルギーなのです』

「これが煙突のお話と、どう関係するのでしょうか？」

『煙突の上というのは、どういう状況ですか？』

「普段の生活から考えたら、かなり異常な状況です」

『まさに異常なエネルギーがそこにできていますよね。そのため、すぐにでも均衡を保たせるために体を震えさせて、平坦な地へと誘導しているのです』

「そう考えると、とても良いエネルギーに思えるのですが」

『はい、均衡を保つエネルギーは、私たちの命を守ってくれる、とても良いエネルギーです。ただ、このエネルギーは学びすぎてしまうことで、逆に行動を制限してしまうのです。たとえば、お金がなくなる恐怖を持っていたとします。お金がないと食べ物も買えず、住む家もありませんので生命の危機です。お金がなくなることに集中しているので、どんどん情報を引き寄せていきます。ミトコンドリアはお金がなくなるということを学び続けるので、どんどん過剰な状態へと陥り、24時間ずっとお金がないという恐怖に怯えてしまうようになるのです。地上に立っているにもかかわらず、煙突の上に立っている恐怖にずっと怯えているようなものです』

「それは過度なストレス状態ということですよね。ずっと煙突の上にいる恐怖の中で24時間過ごすなんて、心が崩壊してしまうと思います」

『その通りです。過度なストレス状態は心を崩壊させます。これは、昨今の情報過多による情報の受け取りすぎがもたらした弊害とも言えるのです』

「情報の受け取りすぎにも注意が必要であり、ネガティブな情報は極力スルーしなければいけませんね。でも、なぜ世の中はこんなにネガティブな情報で溢れているのですか？」

『それは、多くのエネルギーボールがネガティブエネルギーから作られているからですよ』

「あっ、そうでした」

『だからこそ、ペンギンが必要なのです』

6　世の中はすべて二面性

『世の中の人たちを全員ペンギンとして見ることができれば、ネガティブなエネルギーで恐怖が増幅されることはありません』

「でもそれだと、世の中をドライに見ている気がして、冷たい人間のように感じるのですが」

『だって世の中は台本ですから、あなたはただそれを演じていればいいのですよ』

台本？　演じる？

まったく理解ができない……

私の不可解そうな表情に気づいたのだろう。「わたし」は言葉を続けた。

『はっきりと言ってしまいます。この世の中は台本でできています。あなたはその台本の中のキャラクターの一人です。それも主人公を演じています。その役をただ淡々と演じればいいのです』

「どういうことですか？　それじゃあ、もうすでに私の人生は決まってしまっていて、すべて台本が用意されているということなのですか？」

『それも違います』

「もう混乱しかないのですが……」

『あなたが「わたし」を思い出し、「わたし」になって未来の一コマを作り上げれば、それは現実となってあなたにやってきます。引き寄せの法則でも同じことを言っているのですが、引き寄せの法則で引き寄せられなかった人は、「わたし」ではなくミトコンドリア意識の「私」で引き寄せていたから引き寄せられないのです。「わたし」であれば未来の一コマを作り上げられますので、それを現実化するために新たな台本が作られます。ここで注意が必要なのが、「わたし」が作れるのは未来の一コマだけだということです』

「つまり、台本は作れないということですか？」

『その通りです。台本は「わたし」が作った未来の一コマに向かうように宇宙が完璧に作り上げます。もちろん何コマでも作り上げることができますが、あくまでもコマですから写真のように一つの現象だけしか取り上げられません。それが、未来で一億円を手に入れるという一コマでもいいわけです。その一コマを「わたし」が作り上げることができたら、あとは宇宙が勝手にそれに向けての台本を作ってくれるというわけです』

「つまり、宇宙は台本を勝手に作るけど、未来は決まっていないということですか？」

『そうです。過去は固定されてしまいますが、未来は固定されていません。あなたが思い描いた通りの未来が作れるということです。パラレルワールドという言葉を聞いたことがあると思いますが、それはこのことを意味しています。無限の可能性の中で、未来は自分で選択できるということです』

「まったく信じられないのですが、それだと誰もが人生思い通りになりませんか？」

『はい。誰もが思い通りになるように宇宙はできていますから』

「でも現実には、人生が『どん底』という人たちも、たくさんいると思うのですが」

『「わたし」で未来を作っていない人たちですね。そういう人たちは、ミトコンドリア意識の「私」で生きているので、ネガティブエネルギーをどんどん増幅させられて、思考がどん底になっているだけです』

「なるほど。世の中の仕組みが見えてきたような気がします。その『わたし』で未来を作るやり方は後で教えてもらえるのですよね？」

『はい、後でゆっくりとお話ししますよ』

「ありがとうございます。安心しました。ここで話をやめられたら発狂するかもしれません。ということは、『わたし』が未来の一コマを作ることによって、宇宙はその未来に向けての台本を勝手に作ってくれるわけなので、私はただその台本に沿って何もやらずにただボーッと過ごせばいいということですね?」

『まったく違います。あなたは、その台本の中の大切なキャラクターの一人ですよ。それも主人公です。もし、あなたが映画を見に行って、主人公だけが何もやらずにただボーッとしていたら、どう思いますか?』

「最悪の三流映画だと思ってしまいます」

『そうですよ。そんなつまらない映画なんて誰も見たくありません。もちろん宇宙も同じです。つまり、あなたはその台本の主人公を全力で演じなければいけないのです。ただその時に、ミトコンドリア意識のネガティブなエネルギーを使ってはいけないということです』

「なるほど。ちなみに、『わたし』が良い未来を描いたら、台本も良いことしか起きない台本になりますか?」

『もちろん、あなたの描いた素晴らしい未来に向かう台本には切り替わりますが、すべて良いことしか起きない台本になるかと言ったら、そうではありません。たとえば、今やっているお仕事を辞めなければその未来に辿り着けない場合には、仕事を辞めるための出来事が突然起きるでしょうし、住んでいる場所を変えなければその未来に辿り着けない場合には、突然引っ越しをしなければいけなくなる事象があるかもしれません。どの出来事もあなたの未来にたどり着くのに必要な出来事だったとしても、それを現実に体験した時にネガティブなエネルギーが発動してしまうこともあります。それが発動してしまうと、どんどん「わたし」を忘れてしまい、また「私」で生きることになります。つまり台本に飲み込まれてしまうのです。だから私はさっき言ったのです。世の中のすべての人をペンギンにすると――』

「なるほど。つまり未来を思い描いたら、その未来に向かう台本の中で起きる出来事に一喜一憂してはいけないということですね」

『まさしくその通りです。宇宙はあなたを陥れようなんて微塵《みじん》も思っていないわけですから、完璧な台本を作り上げます。出来事のすべてが、あなたにとってチャンスなのです。あなたはすべての出来事に対して良い面を見つけていく癖をつけることが大切です。世の中はコインの裏と表、すべてに二面性が存在します。悪が存在するから正義がある。生があるから死がある。光があるから闇ができる。すべては二面性なのです。あなたに起きる出来事にも必ず二面性がありあます。良いところを見つけるゲームだと思って取り組むといいですよ』

「良いところを見つけるゲーム。なんだかワクワクしてきました」

『その調子です。ここは本当に大切なところなので、そのゲームの楽しみ方をもう少しお伝えしますね。あなたの星に、以前、フリードリヒ・ニーチェという人物がいたのはご存じですか？』

「はい、ニーチェは確か、ドイツの哲学者でしたよね？」

『そうです。彼は「事実というものは存在しない。あるのは解釈だけである」という言葉を残しました。これはどういうことか、わかりますか？』

「事実は存在せず、あるのは解釈だけ。んー、あっ、もしかしてあなたが言うコインは現象として存在するが、それは事実ではなく、あるのは裏と表の解釈だけということですか？」

『どんどん鋭くなっていますね。その通りです。よくコップに入ったお水を例にすることが多いのですが、聞いたことはありますか？』

「『まだ半分入っている』と思うか、『もう半分しか入っていない』と思うか、というやつですか？」

『そうです。コップに半分水が入っているという現象があり、それをどう解釈するかは自分次第という、とても良い例です。宇宙は完璧な台本をあなたに用意しているわけですから、コップに半分水が入っているという現象は、あなたにとって最適な状況ということなのです。つまり、あなたがその完璧な台本をどう解釈するかにかかっているのです』

「宇宙が求めている解釈なんて、私にはわからないです……」

『完璧な解釈なんて存在しません。どう解釈したってあなたの自由なのです。ただ「宇宙は完璧な台本を用意してくれている」ということだけをあなたが理解していれば、必然的に解釈の仕方は変わっていくのです』

「その解釈の仕方が変われば未来は変わるということですか？」

『100％変わります。先ほどのコップに入った半分の水の解釈の仕方でも面白い実験結果が出ています。「まだ半分も入っている」と発言したグループは、「もう半分しか入っていない」と発言したグループよりも、寿命が平均で10年以上伸びたという結果が出ているのです。「まだ半分も入っている」と発言するだけで、ミトコンドリアもますます活発になっていきますので、当然と言えば当然の結果ですね』

「10年も寿命が変わるってすごいですね」

『よく考えてほしいのが、この現象に必要なことは、ただ解釈を変えることだけだということです。それだけ解釈を変えるインパクトは強大なのです。これには日々の訓練が必要になります。特に初期のデトックス期間は、かなり意識的に集中してください』

「日々の出来事を、すべて完璧な宇宙の台本でできていると考える訓練ということですね」

『少し例題を出してみましょう。想像してみてください。あなたは今、晴天の中、海岸線を綺麗な海を見ながらドライブしています。最高に清々しい気分です。車も先ほど洗車したばかりなのでピッカピカで気持ちがいいです。そこに突然、鳥の糞がフロントガラスに落ちてきました。どう思いますか?』

「まじかー。この清々しい気持ちを返してほしい、なんかそんなふうに思っちゃいそうです」

『実は、その気持ちが動いた瞬間がチャンスなのです。完璧な台本からのメッセージだと思ってください。走っている車に上空から糞を当てようとして当てるのは、確率的に見ても相当難しいです。それが当たったわけですから、とてつもない運の持ち主だという解釈にも取れるのです。宇宙があなたに対して「あなたはこんなにも強運の持ち主なのですよ」と鳥の糞を使ってメッセージを送ってくれているとも考えられるということです。それに気づけるかどうか、その解釈ができるかどうか、これがあなたの未来を大きく変えていくのです』

「いわゆるプラス思考というやつですか？」

『プラス思考もその側面を持ちますが、そのプラス思考すら包摂《ほうせつ》してしまうレベルのお話をしています。たとえば、あなたが朝、家を出発する時に、玄関のドアの前に虫の亡骸《なきがら》がありました。それはその日だけに留まらず、数日ごとに度々現れるようになりました。どういう解釈になりますか？』

「普通なら『何で毎回毎回、家の前なんだよ』と嫌な気持ちになりそうですが、そこで嫌な気持ちになってはいけないわけですよね。んー、良い解釈をするんですよね？　踏まずに済んでラッキーとかでしょうか」

『いざ考えてみようとすると、なかなか難しいですよね。普段の思考から良い解釈へと切り替えるということは、コインを裏から表へとひっくり返すという行為ですから、そう簡単にはできないのです。そこで必要なのが「宇宙はあなたのために最高の台本を用意している」という軸なのです。この軸を中心に解釈を考えてみてください』

「宇宙は私のために最高の台本を用意してくれているということを軸にするのですね？　わかりました。起きている現象は、虫の亡骸が頻繁に私の家の玄関前に現れるということです。もしかすると宇宙は私に『命の尊さ』を教えてくれているのかもしれませんね。虫たちにも私と同じ命があり、その最後の灯を私の家の前で終えてくれたと考えてもいいかもしれません。そう考えると、虫たちは最期の時を私の家の前で迎えたかった、それだけ私の家の前が最期にふさわしい場所と思ってもらえたのかもしれないです。なんだか有り難く思えてきました」

『素晴らしいですね。その解釈ができれば、虫たちに感謝も伝えられますよね。虫の亡骸という存在で、片や嫌な気持ちになり、片や感謝が生まれるのです。解釈の違いで、まったく違うエネルギーがあなたに宿るということなのです』

「すごいです。解釈だけで真逆のエネルギーが生まれるのですね。まさにコインの裏と表ですね」

『これまで嫌な気持ちになっていた現象をすべてひっくり返すことができれば、あなたの波動はどんどん高くなり、光り輝いていくのです』

「良いところを見つけるゲーム、理解できました」

7　台本の中の人物は操れない

『実は、台本に出てくる人物を操ろうとしてしまう人がいます』

「自分だけ『わたし』の意識でいて、周りが『私』の意識でいるなら、なんだか操れそうな気がしちゃいますね」

『操ろうという意識自体が「私」のものですね。これをやり続ければ、すぐに「私」の意識に支配されて台本に飲み込まれます』

「なるほど。気をつけなければいけないところですね。

私は世の中の良いところを見つけるゲームに集中するということですね」

『そうです。世の中の良いところ、周りの人の良いところを見つけるゲームに集中するのです』

「身の回りの環境の良い部分、家族の良い部分、仲間たちの良い部分を見つけるゲームをやり続けたら、確かに周りの人たちを操ろうとしなくても勝手に運気が上がっていきそうですね」

『その通りです。さらに「わたし」の意識でい続ける限り、周りの人たちとはまったく違うエネルギー状態で物事を見ていますから、周りの人たちにとっては、なぜか魅力的に見えてしまうのです。これまでの経験の中でも、なぜか人が集まってくる人っていましたよね？』

「はい、なぜかわからないけど魅力があって、人が集まる人っていました」

『その人は「わたし」で生きている人なのです。「わたし」で生きると輝きを放つようになります。蝶々をイメージしてみてください。「私」で生きている人たちは蝶々を捕まえようと必死に走り回り、虫取り網で捕まえに行きます。汗だくになりながらようやく捕まえた蝶々は、逃げないようにすぐに虫かごに閉じ込めます。汗だくになってようやく捕まえた蝶々なので絶対に手放したくありません。その蝶々をずっと閉じ込めたらどうなりますか？』

「飛べないわけですから、すぐに眠りについちゃいますね……」

『その通りです。この蝶々は、今の世の中ではお金であったり、人間関係であったりと、さまざまなものに当てはめることができます』

「お金……確かに、世の中の人たちの多くはお金を必死に稼ごうとし、稼いだお金は絶対に手放そうとしないですよね」

『そうです。そして全員で限りある蝶々を奪い合っている、ということです。どう見ても良い世界とは言い難いですね』

「はい。皆で戦って、勝った人間が捕まえて、そしてホールドする。想像しただけでも辛いです」

『それではあなた自身が、蝶々が大好きな光を放つお花だったらどうでしょう？　多くの蝶々が勝手に寄ってくると思いませんか？』

「はい、それは間違いなく寄ってくると思います」

『その状況であれば、汗だくになりながら蝶々を捕まえに行く必要はありませんよね。むしろ捕まえるという感覚すら必要なくなります』

「確かにその通りですね。光り輝くお花は捕まえようともしないので、蝶々は安心して余計に集まってきそうです。まさに好循環がそこに生まれますね」

『そうです。だからあなたは、寄ってきてくれた蝶々に対して、もっと幸せになってもらえることだけを考えればいいのです。長所を見つけ、それを褒め、もっと伸びていくように愛を持って生きればいいのです』

私が光り輝く花になっているのを想像してみた。多くの蝶々が寄ってきてくれて、皆が本当に幸せそうだ。そして、私の周りにも光り輝く花がたくさん咲いている。なんて素敵な世界なんだろう。

「そんな人たちが世の中に溢れたら、最高の世界になりますね。結局、この『わたし』の意識というのが一番重要になっていくということですね」

『さらに言えば、「わたし」がこの地球を愛と光の星にしたいと願うことによって、抽象度は神の領域となります。そのため、光り輝く存在になるのはもちろんなのですが、肉体である「私」にも強い影響を与えます。見た目も美しくなり、健康的にもなります。すぐに変化を感じたいのであれば、肉体的な強さであれば、すぐにわかりますよ。握力など計測できるものがあったらぜひトライしてみてください。願う前と後では力に差が生まれるのです。また、体もより柔軟になりますので、前屈運動などでもわかるかもしれませんよ』

「肉体的にすぐに変化を感じられるってすごいですね。目に見えて変化がわかるのであれば、すぐにでも実践したくなりますもんね。皆で愛と光の星にしようと願うエネルギーの場ってものすごいパワーになりそうですね」

『ものすごいパワーという言葉では表現しきれないほどのエネルギーです。ちなみに今、星という表現を使いましたが、地球全体を何とか愛と光の星にしなければと頑張らなくて大丈夫です。逆に、それがエゴにもなりかねません。あなた自身が願っていればいいのです。そのエネルギーが周りにも派生していき、家族が、そして仲間が、そして会社が、そして地域がと、どんどん勝手に広がっていきます。いずれ地球全体がそうなったら素敵ですね』

「それは本当に素敵な星ですね。そんな星で生きていたら、毎日が幸せに包まれる気がします。私も愛と光の星にしていくように願っていこうと思います。ちなみに、願うことによって肉体のパワーも強まるとおっしゃいましたが、やはりこの地球上で生きるのならば、肉体の存在はとても大切だと思います。この肉体を最大限に強くする方法ってあったりしますか？」

『よく気がつきましたね。地球上で生きるのならば、肉体は絶対に必要となります。つまり、「私」と上手に付き合わなければいけません。それでは、「私」を最大限に活性化する方法についてお話ししていきましょう』

第三章　「私」を最強にする方法

1　トイレは詰まらせてはいけない

『突然ですが、もしトイレが詰まっていたらどうしますか？』

「もちろん、すぐに詰まりを取ります」

『それはなぜですか？』

「えっ？　だって、詰まりを取らなければ溢れてきちゃうじゃないですか」

『溢れてしまったら床が汚れてしまいますね。その状態で、さらに水を流す人はいますか？』

「絶対にいません。余計に溢れてしまって、さらに汚れてしまうじゃないですか」

『そうですね。トイレが詰まっているのなら、まずは詰まりを取らなければいけません。でも実際には、詰まっているにもかかわらず、水を流し続けている人たちが本当に多いのです。これは決してトイレの話ではなく「私」という肉体の話です』

「どういうことですか？　ちょっとイメージが難しいです」

『たとえば、人生を思い通りにしたいと思い、さまざまな開運法を実践したとします。でも、やればやるほど、どんどん嫌なことが降りかかってくることってありませんか？』

「経験があります。以前、よく効くと言われた開運法を試したのですが、一向に改善せず、それどころか運気が悪くなっている気がしたので、この開運法は嘘なんだと思い、別の開運法を探して試し、それもうまくいかなかったら、また次の開運法を探すということを続けました」

『まさにそれが、トイレが詰まっているのに水を流し続けてしまい、汚い水がどんどん溢れてくるという現象です。綺麗な水を入れたはずなのに、自分からは汚い水がどんどん流れ出てくるので、焦ってまた別の綺麗な水を注ごうとするのです。でも、トイレは詰まっているわけですから、汚い水が永遠に流れ続けるというわけです』

「なるほど、そうやって説明してもらうと、とてもわかりやすいです。確かに、詰まっている状態を自分で認識していなければ、永遠に詰まりを取らずに綺麗な水を注ぎ続けていたかもしれません」

『これはさまざまなことに言えるのです。肉体自体もそうです。肉体が汚れすぎていたら、いくら良いものを摂取しても体は吸収できません』

「肉体が汚れているとは、たとえばどういうことですか?」

『ある町では、たくさんの砂糖が入った甘い炭酸飲料を主要な飲み物として水代わりに飲んでいます。2歳の子どもでさえ、ミルクの代わりにこの甘い炭酸飲料を飲んでいます。その町の商店の棚は、甘い炭酸飲料で埋め尽くされています。水は売れないので、棚の端の方に少しだけ置かれているのです』

「甘い炭酸飲料が主要な飲み物……。それも2歳の子どもまで飲んでいるというのは、まったく信じられないです」

『この町の人々は、甘い炭酸飲料を体の水分補給の主要な源と信じて疑っていません。平均して1日に2リットル以上を消費しています。町全体がそういう環境にあり、生まれた時からそう育っているため、それが彼らにとっての「当たり前」なのです』

「生まれた時からその環境であれば、確かにそれが当たり前になってしまうかもしれませんね」

『なぜ、ここまで甘い炭酸飲料を飲む習慣が根付いたと思いますか？　一つに、この町で信じられているジンクスがあります。体内に宿った悪霊はゲップをすると出ていくので、炭酸飲料を飲むことで悪霊を退治できるというものです』

「だからといって、そんな生活をしていたら糖尿病にもなるし、寿命も短くなりませんか？」

『その町の人々の糖尿病率は高い傾向にあります』

「ですよね。それは誰が見ても当たり前の結果だと思います。なぜ、皆さん、それに気づかないのですか？」

『もしあなたがその環境に生まれ育ったとして、そう思える自信がありますか？』

「確かに、その町で生まれ育ち、2歳から甘い炭酸飲料を飲んでいたら、大人になっても抜けられないかもしれないですね」

『そうなのです。環境は、それだけ自分に多大なる影響を及ぼしているのです』

「環境ですか。そういえば、20代の前半に建設会社で働いていた時のことを思い出しました。その時、鉄筋コンクリートの巨大な建物を造っていて、さまざまな業種の人が集まっていたのですが、彼らは遠方から来ていて共同生活をしていたのです。仕事後の楽しみは、お酒だったようで、ある人は500ミリリットルの缶ビールを毎日6本以上飲むと言っていました。6本って3リットルですよね？　一般的な成人男性は1日に2リットルから3リットル程度の水分量が必要と言われていますから、それを全部、夜に飲むビールだけで賄ってしまうなんて、異常ですよね？」

『ですが、当の本人は異常だとは思っていませんよね？』

「はい、その通りで、本人は毎日ビールを6本以上飲むのは当たり前だと言っていました。その一方で、常々体の調子が悪いとブツブツ文句を言っていました。毎日ビールを3リットルも飲み続けていたら、体調が悪くなるのは当たり前ですよね」

『周りの方々も同じことを言っていませんでしたか?』

「確かに、お昼の休憩時間になると、彼の周りでは『昨日も飲みすぎちゃったよ』と、少し自慢げに笑って話をしていました」

『同じ環境の中にいると感覚が麻痺してくるのです。トイレが詰まっているにもかかわらず、そこに、さらに水を注ぎ続けるのです。トイレの容量にも限界がありますので、それが完全に溢れたら病気になるということです。そのため、まずはそのトイレの詰まりを取らなければいけないのです』

2　詰まりを取る最適な方法

「体に良いエネルギーや栄養を取るためには、まずは詰まりを取ることから、つまり、体に蓄積してしまった化学物質などの毒を取り除くことから始めないといけないのですね」

『その通りです。デトックスが大切ということです』

「体に蓄積した化学物質などの毒を除去すればいいということは、それを止めればいいだけですよね。これは意外と簡単な気がします。詰まりが取れれば誰でも運気が上がるわけですから、誰もが簡単に実践できそうですね」

『実は、そこが大きな落とし穴なのです』

「えっ？　なぜですか？　だって、詰まりを取ることなんて、めちゃめちゃ簡単じゃないですか」

『他人の欠点はよく見えると言いますよね。第三者目線で物事を見ればおかしいところに気づきやすいですが、自分のこととなると見えなくなってしまうものです。先ほどの甘い炭酸飲料を飲む町の人たちに、炭酸飲料が体を蝕んでいるといくら伝えても、誰も聞いてはくれませんよね』

「確かに。それでは、自分自身ではその詰まりを認識できないということなのですか？」

『はい、まさしくその通りです。環境がそうさせていますので、詰まっていることすら気づいていないということなのです』

「そんな。それなら一生、詰まりには気づかないということじゃないですか」

『詰まりに一生気づかずに、人生を終えてしまう人が実はたくさんいます』

「それは辛いです。何か気づく方法はないのですか？」

『実はもう、その時点で大きく一歩前進しています。そもそも多くの人は詰まりがあることすら認識していないので、辛いとも思っていません。詰まりがあると認識している時点で本当に大きな一歩だと、まずは自分を褒めてあげてください』

「そうなのですね……。ありがとうございます」

『後は、その詰まりに気づけるようになることです。それには、場所を変えることが最適です』

「場所を変える？」

『はい、正確には環境を変えるということです。これまでの環境とはまったく違うところに移動することをお薦めします。たとえば、先ほどの甘い炭酸飲料を飲む町に生まれたとしましょう。そこで社会人となり、とても健康的な別の町のある会社に就職したとします。そこには甘い炭酸飲料が売っていません。その人はどうなるでしょうか？』

「売っていないのであれば買えませんので、飲めないですよね。でも、インターネットで取り寄せて飲んだりするかもしれません」

『幼い頃からミルクの代わりとして飲んでいたくらいですからね。年中かかさず毎日2リットルも飲み続けたものを、いきなりやめようと思ってもやめられるものではないかもしれませんね。それではその町は島にあって取り寄せるにも時間もお金もかかるのなら、飲むのは難しくなりますすよね』

「飲むのを諦めますね」

『それです。この諦めるというのがとても重要なのです。正確には諦めさせるのです』

「諦めさせる？」

『そうです。この甘い炭酸飲料を欲しているのは、あなたであってあなたではないのです』

「私であって私ではない……あっ！　ミトコンドリア！」

『よくわかりましたね。そうです。ミトコンドリアである「私」が欲しているのです。だから、甘い炭酸飲料を手に入れるのに苦労するような環境に身を置くことで、簡単に詰まりを取る方向へ向かうことができます。日々のルーティンから強制的に脱却させるということです。冷戦の時に軍人の方々が他国に派遣された話は、特にわかりやすいかもしれません。あくまでも冷戦なので、軍人たちは形式上、そこに居座る形となりました。形式上ですから、何カ月も何もやることがありません。軍人たちは暇を持て余します。そこに出回ったのが非合法の薬物です。多くの軍人たちが、その薬物に依存しました。やがて冷戦が終わり、軍人たちは自国へ戻っていきました。少し考えてみてほしいのですが、その軍人たちのうち、どれほどの人たちが薬物から抜け出せなくなったと思いますか？』

「違法の薬物は、一度手をつけてしまったら一生抜け出せなくなると聞いたことがあります。前に、薬物依存から脱却させるための学校の先生が、生徒たちに対して『強い意志があったら抜け出せる』と熱弁した後に、見本を見せようと違法薬物を自ら始めて抜け出せなくなってしまった話を聞いたことがあります。ミイラ取りがミイラになった例ですよね」

『そうです。薬物は、人生をすべて台無しにしてしまう恐ろしいものです。それも、一度始めてしまったら抜け出せなくなるという悪魔の実です。だから多くの人たちは、この軍人たちは自国に戻っても抜け出せないものだと思っていました』

「実際には違ったのですか？」

『そうです。多くの軍人たちが薬物依存から脱却しました』

「さすが軍人ですね。精神力が半端ないということですね」

『違います。単純に環境が変わったからです。家族のもとに戻れば一人で暇を持て余すこともなくなりますし、違法薬物が簡単に手に入る環境でもなくなります。わざわざリスクを冒してまで自分で仕入れて続けようとする人間はほとんどいなかったのです』

「なるほど。環境を変えるということは、それだけ人生にインパクトがあるということですね」

『その通りです。また、場所を変える距離は離れていればいるほどにインパクトが増します。ここは遺伝子的な話であったり、エネルギー的な話であったりするのですが、今回はもっとわかりやすいお話にしましょう。生活する国を変えたら何が一番変わりますか？』

「生活環境も変わってしまうと思いますが、何より言語が一番心配になります」

『そうですね。言葉がまずは変わります。言葉が変われば、毎朝のルーティンも変わってきますよね。たとえば、毎朝テレビのニュースを見ていた人は、必然的に見なくなりますね』

「確かにそうですね。言語が違うわけですから、テレビをつけても理解できないので、見るのをやめそうですね」

『そうなると、これまで毎朝、事件や不景気のニュースを見てエネルギーが落ちた状態から一日をスタートしていたのが、強制的になくなりますよね』

「テレビが見られないわけですから、そうなりますね」

『ここがとても重要なところなのですが、国を変えることで「テレビのニュース」が手に入らない環境に身を置くことになりませんか？　日本にいた時には毎朝テレビのニュースを見るのがルーティンだったとしても、言語が違うのでテレビをつけるのを強制的にやめることになります。毎朝流れる事件ばかりのニュースを見なくて済みますので、それだけでもエネルギーは落ちずに済むわけです』

「確かに朝、目が覚めたらすぐにテレビの電源をつけないと落ち着かないという人がいますよね。これも依存ということなのですね。でも、最近の若者たちはテレビをほとんど見ないとも聞いたことがありますが、鬱になる人は毎年増えています。これはなぜですか？」

『スマートフォンの影響が大きいです。最近では、幼い頃からスマートフォンを持たせていますよね。その結果、見なくてもいいような悪い映像を、どんどんミトコンドリアに見せてしまっているのです。幼少期や10代のミトコンドリアは吸収力が抜群です。そんな大切な時期に、見なくてもいい映像を何度も何度も見てしまったら、「私」がどんどん殻に閉じこもり、エネルギーが衰退するのは当たり前の話です』

「さまざまな情報が誰でも見られる時代ですからね。幼い子どもにスマートフォンを渡すということは、甘い炭酸飲料を飲ませることと同じだということですね」

『その通りです。幼い子どもに安易にスマートフォンを渡す行為は、本当に怖いことです。子どもにとってどういう状況がいいかを考えれば、その怖さに気づくことができるはずです。そのうえで環境を整える（変えていく）、これが本当に大切なことなのです』

3　類は同じエネルギーの友を呼ぶ

「環境を変えることで、デトックスは加速していくのですね」

『はい、デトックスが加速していきます。ちなみに、場所を変えるのが難しいという場合は、属する集団を変えることでももちろん効果はあります。もし他人の悪口や文句ばかり言っている集団に属しているのであれば、その集団から離れるのもいいですし、劣悪な環境で仕事をしているのであれば、転職するのでももちろんいいです。とにかくネガティブなエネルギーを発している場から離れることがとても重要なのです。ちなみに「類は友を呼ぶ」という言葉がありますが、これはどう思いますか？』

「やはり世の中は気の合う仲間が集まる傾向にありますから、それはあると思います」

『そうですね。似たエネルギー同士は振動数が共鳴し、引き合うようにできていますので、似たエネルギー同士は集まるように世の中はできています。それでは場所を変えることで、どのような人が寄ってくると思いますか?』

「よりエネルギーの高い人たちが集まってくるということですか?」

『残念ながら、前の場所で付き合っていた仲間たちと、同じエネルギーを発する人たちが集まってきます。場所を変えても、あなたのエネルギーの波動は変わりません。だから、集まってくる人たちも同じ波動の人たちです』

「それじゃあ、場所を変えても意味がないことになりませんか?」

『そうではなく、場所を変えることによってあなたのデトックスが加速するわけですよね。これまでと環境が変わるわけですから、たとえば愚痴を言う集団から抜け出せたり、体に悪いものを取らずに済んだりすることができます。そうすると、あなたのエネルギーはどんどん高くなっていきます。物理的にもエネルギー的にも軽くなっていくわけです。そうなるとエネルギーの高い人たちが集まるようになってきますから、今度はエネルギーの高い集団の一人となれるわけです。

あなたのエネルギー状態によって、エネルギーの低い集団の中で悪循環の波に飲まれるか、エネルギーの高い集団の中で好循環の波に乗るかが決まるのです』

「デトックス、早くやりたいです」

『そう気負わなくても大丈夫ですよ。ゆっくりと自分のペースでやっていきましょう。体や心に良いか悪いかという判断を先に考えることが大切です。これを食べたら体は重たくなるか、この環境にいたら心が重たくなるか、これを先に考えることによって、どんどんデトックスが進んでいきます。ちなみに食べ物に関してですが、肉体は食べ物と水でできています。たとえば水ですが、ヒューマノイド型の場合、地球上では水分量は子どもで70%くらい、大人になると50%から60%くらいというのは聞いたことがありますよね？』

「はい、体の大半は水分でできていると聞いたことがあります。年齢を重ねるごとに水分量が減っていくので、赤ちゃんの肌はピチピチしているけど、年を重ねるごとにカサカサになってしまうのは、そういうことですよね」

『そうです。そのため、水分は毎日摂取しなければ体を維持できなくなります。その水ですが、どんなものを取り入れていますか？』

「ミネラルウォーターです」

『それだけですか？』

「水分、ですよね？ であれば、お酒も少々」

『少々ですか？』

「いや、結構飲んでしまっていますね。それも毎日」

『それは「私」にかなり負担をかけていますね。ミトコンドリアは睡眠でエネルギーチャージをしていくのですが、お酒を飲んでしまった場合は、睡眠で得るはずのエネルギーが最初にお酒の消化に使われてしまいます。その消化が終わった段階で各細胞のミトコンドリアのチャージが始まるのですが、お酒を飲み過ぎた場合は、お酒の消化だけにエネルギーを使い果たしてしまい、ミトコンドリアのチャージがほとんど行われず、エネルギーが不足した状態で朝を迎えることになるわけです。二日酔いの日は使い物にならないとよく言いますが、お酒の消化も終わっていないということは、ミトコンドリアのチャージはゼロに等しい状態なので、まさに廃人状態です』

「それはミトコンドリアに申し訳ないですね……。お酒はできる限り控えていこうと思います」

『そうですね。そうすることによって、一日のパフォーマンスは劇的に変化していきます。もちろんお酒だけではなく、食事もそうです。食べすぎることによって食べ物の消化のほうに先にエネルギーが使われてしまいます。昔から腹七分目と言いますよね。逆に、食べなすぎてもエネルギーチャージができませんので、いい塩梅がとても大切ということです』

「睡眠時のエネルギーチャージを意識しながら食べ物や飲み物を選んでいこうと思います」

『良い心掛けです。毎日のパフォーマンスが劇的に変化していきますから、やればやるだけエネルギーがどんどん高まっていきますよ。あとは、食べる前や飲む前にきちんと感謝を伝えるだけでもまったく違います。その食べ物、飲み物が自分の体の中に入るまでには、本当にさまざまな人たちの手が加わって届けられているのです。その方々への感謝、そして食べ物や飲み物自体への感謝を、食べる前や飲む前に伝えます。この感謝によって、実際に味の変化にも気づけると思います。お水は情報をたくさん吸収しますので、より気づきやすいかもしれませんね』

「水の味が変わるんですか?」

『はい。水の入ったコップに手をかざして「ありがとう」や「愛しています」と10回くらい伝えてみてください。手をかざす前と後では、水がまろやかになっているのがわかると思います。逆に悪い言葉や汚い言葉を伝えると、棘があるような硬さを感じるようになります。どちらの水を自分の体に入れたいかという話です。ちなみに、お水以外にも何か飲まれていますか?』

「友人に薦められて、ココナッツウォーターを飲んでいます」

『それは素晴らしいですね。ココナッツウォーターはとてもお薦めです。ミネラルも豊富ですし、「天に近い実」と言われているほど、エネルギーはかなり高いです。飲むだけで波動が上がりますよ。これは毎日ぜひ続けてください。他にも神聖なものを見つけて摂取するように心掛けてくださいね。また、今、友人に薦められたとおっしゃいましたが、これもとても大切なキーワードですよ。友人は自分の鏡となります。自分が見えていなかった部分を突然見せてくれることがあるのです。ココナッツウォーターだってそうですよね。友人が教えてくれなかったら存在に気づかなかったわけです。普段、当たり前のように使っているものでも、実は体を蝕んでいるものって意外とたくさんあるのです。頭皮には毛穴がありますよね。その頭皮の毛穴をよく考えてみてください。腕などの毛穴に比べて、とても穴が大きいですよね。ということは、腕よりも頭皮の方が、よりさまざまなものを吸収すると思いませんか？』

「そこから髪の毛が生えているわけですから、確かにそうですね」

『毎日その毛穴の中に、有害な化学物質を浸透させたらどうなるでしょうか？』

「それは病気になりそうですね」

『気づいていないだけで、あなたも毎日繰り返していませんか？』

「あっ、洗髪……」

『そういうことです。たとえ一回に浸透するのが少量であったとしても、それを毎日繰り返すことで、一年間でかなりの量が浸透しているのです。それを何十年も続けたらどうなりますか？　簡単に想像できるでしょう。体の中の水が大切だと先ほどお伝えしました。その水が、化学物質に汚染された水であればどうなってしまうでしょうか？　産まれたての赤ちゃんはとても良い匂いがすると言います。これは、赤ちゃんを母体の中で育てるための大切な羊水に、頭皮から浸透した化学物質が染み込んでいる可能性があるということです』

「……」

『この事実に気づければ、自分は何をデトックスすればいいのか、おのずと見えてくるはずです。あなたの周りには、いつもヒントがたくさん隠されています。これからは周りの声にも耳を傾けてみてください』

4　三種の神器「温泉、公園、トランポリン」

「食べ物や飲み物は、私の人生にとって本当に大切なのですね。これからはしっかりと気をつけながら、体に取り入れる物や量を決めていきたいと思います」

『とても良いですね。どんどん好転していきますから、ぜひ毎日続けてください。実際、食べすぎてしまうのはミトコンドリアの奴隷状態になっていることに他なりません。ミトコンドリアである「私」が「お腹が空いたから早く何か食べさせろ」と命令し、私が「はい、今すぐに」と応え、お腹がパンパンになるまで食べさせてしまう。そうなると思考が鈍り、「私」はミトコンドリアの奴隷に成り下がっていきます。さらに病気にもなりやすくなるわけですから、悪循環以外の何物でもありません。胃袋があなたの未来をつくっているのです。胃袋を制することは、あなたの未来を制することなのです』

「胃袋は自分の人生を左右する存在なのですね」

『もちろん大切なのは胃袋だけではありませんが、胃袋からデトックスをしていくのが一番の近道です』

「ちなみに、胃袋を落ち着かせるためにはどうしたらいいのでしょうか？　お腹が空いてくるとイライラしてしまいますよね」

『ミトコンドリアの「私」が思考をイライラさせて、食べ物を体の中に取り込もうとしているのです。「わたし」の状態でいられれば、そのイライラも消えてきます。このことについては、また後でお話ししましょう。まずは先に化学物質などの毒素を取ってしまいたいので、三つのアイテムをお薦めします。それは、温泉と公園とトランポリンです』

「温泉と公園とトランポリン？　まったく想像がつきません」

『まずは温泉からお話ししましょう。温泉は好きですか？』

「大好きです。温泉に入ると心の底から幸せを感じます」

『それは素敵ですね。温泉に入ると、なぜ幸せを感じるのでしょうか？』

「んー、なぜか……？　体の芯から温まり、何も考えずにボーッとするからですかね」

『はい。そのボーッとするのがとても大切なのです。温泉に入る時は服を全部脱ぎますよね。スマートフォンももちろんロッカーに置いていきます。つまり、すべてを脱ぎ捨てて、丸裸で温泉に入るわけです。温泉では、もう温泉に入る以外は何もできないですよね。これは強制的に「私」を脱ぎ捨てていることに繋がるのです。つまり、「わたし」でいられるということです』

「なるほど。現実的に身一つで温泉に入ること以外は何もできないですからね。ただリラックスしてボーッとつかるだけですが、それと一緒に『私』がデトックスされているのですね」

『その通りです。さらに、温泉では大地のエネルギーを直接感じることができます。水はエネルギーを吸収しやすいというお話は先ほどしましたよね。大地の熱で熱せられた温泉は、大地の記憶を持っています。つまり地球そのものの記憶です。その中につかることによって、体がそのエネルギーをダイレクトに受け取ります。「私は大地のエネルギーを受け取っています」と、心の中で唱えながら温泉につかってみてもいいでしょう。その思考が地球のエネルギー波動と共鳴しますので、「私」がよりデトックスされます』

「温泉効果は絶大ですね」

『もちろん温泉に行けなくても、自宅の湯船で十分デトックスできます。少し熱めのお湯をおへそが隠れる辺りまで入れて入浴するのもいいですよ。これは丹田浴と言って、丹田を温めることによって体中の毒素が汗となって抜けていきます。丹田浴をした後のお湯には毒素がたっぷり入っています。繰り返し使わずに、すぐに捨ててくださいね。お風呂に入っている時にアイデアが思い浮かんだというお話を聞いたことはありませんか？ これは「私」を強制的に脱ぎ捨てることで「わたし」の思考が働いたということです』

「そういうことなのですね。納得です」

『これは瞑想にも繋がります。瞑想は「私」を落ち着かせて「わたし」を思い出す行為とも取れるのです。あなたは禅宗なので、坐禅を毎日していますよね。ぜひこれからは「私」を落ち着かせるための坐禅をしてみてください。イメージとしては、ミトコンドリアが体からボロボロと剥がれていく感じです。最初にあなたが体験した、あの光景です。それを坐禅しながらイメージするのです。その剥がれたミトコンドリアこと「私」は地球へと吸収されていきます。重たいバイオスーツが剥がれ落ち、地球へ帰っていくのです。そして、中から光り輝く「わたし」が登場します。その「わたし」からスーッと上方へ光を伸ばしてみてください。今お話ししている、この「わたし」に繋がっていますよ』

「なるほど。今まではミトコンドリアである『私』を剥がすことのないまま、『私』のままで坐禅をしていたために雑念が消えなかったのですね。もっと言えば、坐禅をすることで成功できると勘違いし、他人の成功をなぞり続け、ますます『私』が強くなっていくという悪循環にはまっていたということですね」

『その気づきを得られれば、もう大丈夫です。これは本当に重要なお話なのですが、間違った瞑想は逆に貧乏になってしまいます。心もお金も、すべてにおいてです。多くの人たちは「私」を剥がさずにそのまま瞑想してしまっているので、まずこの間違いに気づきません。でも、あなたは今、気づくことができた。これはすごく重要なことです。これからの瞑想が楽しみですね。また、「私」を剥がす上で、自然がたくさんある公園を散歩するのも、とても有効です。サーッと自然の力がシャワーのようにあなたに降り注いでいるとイメージしながら歩きましょう。可能であれば、森の中など靴を脱いで裸足で歩くとか、自然と直接触れる部分をつくったほうがいいですね』

「靴を履いているのと裸足とでは、そんなに違いがあるのですか？」

『裸足は大地に直接アーシング（地球の自然な電荷と結びつき、体内の余分な電荷を地面に放出すること）できるのでベストですが、難しい場合は靴で歩いても、もちろん大丈夫です。森へ行くと目を閉じ、両手を上にかざしてシャワーを浴びているようにしたことはありませんか？　あれは、上から自然のシャワーが降っているのを体が感覚的にわかっているのです。最高に気持ちがいいですよね。そこで裸足になることによって、足の裏から大地に向かって重たいエネルギーがどんどん流れていくのです。有り難いことに、地球が吸収してくれるのです。上から自然のシャワーを浴び、体内の重たいエネルギーがどんどんそぎ落とされ、それが足の裏から大地に流れていくというイメージです。想像しただけでもスッキリしませんか？』

鳥たちが鳴いている森の中で、両手を広げて上を見上げている自分をイメージしてみた。自然のシャワーがサーッと降り注ぎ、汚れがどんどん地面に落ちていく。ああ、なんて気持ちがいいのだろう。

ふと、鳥のさえずりが聞こえた気がした。

「はい、今すぐやりたくなりました」

『自然というものは、それだけ素晴らしく、完璧にできているのです。コンクリートの中でパソコンと一日中過ごした後は、そのようなデトックスを心掛けるだけでも、チャージできるエネルギーの量は雲泥の差が出ます。また、さらにデトックスを促すには、海や川など、自然の中にすべてつかってしまうことです。温泉もこの一つですね。特に体に毒が溜まってしまった場合は、砂に入るのもお薦めです。砂浴とも言い、顔だけ出して砂の中に埋まってしまうことで毒がどんどん抜けていきます。砂から出た時にはスッキリしているのを実感できると思いますよ』

「今の暮らしは自然からどんどんかけ離れていってしまっていました。休みの日は積極的に自然と触れ合いたいと思います」

『その意気です。また、外に出ることで太陽の光を自然と浴びることができます。これもデトックスに絶大な効果があります』

「太陽の光を浴びると、誰でも気持ちよくなりますよね」

『気持ちよくもなりますが、体にも大きな影響を与えているのです。あなたの国のお話をすると、太平洋側の町に住む人よりも、日本海側の町に住む人のほうが、冬季の鬱病の発症率が高くなるというデータがあります。これはまさに日照時間が影響しているのです』

「日本海側の雪国の方が、太平洋側に比べて日照時間は短そうですね」

『その通りです。日照時間が短いということは、太陽に当たる時間が短くなります。太陽の光である紫外線には、ミトコンドリアを活性化させる作用がありますので、日照時間が短くなると、それだけミトコンドリアが作られなくなるということです。これは世界的に見ても共通しています』

「太陽の光を浴びると元気になるのは、こういう理由だったのですね。これからは積極的に日光を浴びようと思います」

『いいですね。なかなか自然がたくさんある公園に行けないという場合もあると思いますが、そんな時は、トランポリンがお薦めです』

「突然、トランポリンですか？」

『そうです。おもちゃ屋さんに売っているような小さなもので十分ですが、それを使って毎日3分くらい跳ぶだけです』

「それならできそうですね」

『もし3分がきつかったら1分でもいいです。トランポリンで跳ぶことが重要だからです。トランポリンで跳ぶことによって、リンパの流れが促進されるのです。リンパ液は老廃物を流してくれる大切な役割を果たしますが、リンパ液は血液と違って心臓のポンプでは流れないのです。つまり、トランポリンを跳ぶことによってデトックスが加速するということです。トランポリンがなければ縄跳びでもいいです。縄がなくても構いません。とにかくウサギのようにぴょんぴょん跳べばいいのです』

「普段の生活で跳びはねるということは滅多に無いですからね。私の体もリンパは滞っていると思います」

『リンパを毎日流すことで、本当に多くの老廃物が流れていきます。そうすることで健康的にもなりますし、若くもなります。もちろん「私」もデトックスされていきますし、ぴょんぴょん跳ねることで波動も上がりますから、あなた自身の光の輝きも増します』

「まさに良いことずくめですね」

『そうです。温泉、公園、トランポリンは、あなたを幸運へと導く三種の神器なのですよ』

5　心も体もすべてはミトコンドリア

『ミトコンドリアである「私」がデトックスされていくと、心も体もすべてがクリアになっていきます。心と体は密接に連動しているということです。食生活を変えただけで鬱病が治ってしまったというお話もあります』

「食生活だけで、ですか？」

『ある会社でのお話です。ここの社長は「わたし」の存在を知っていて、「私」をデトックスしなければいけないこともわかっていました。そのため、普通の会社ではあまりやらないでしょうが、毎週一回、今、わたしがあなたにお話ししているような内容を皆で共有する場を設けているのです。つまり、心と体が自然と変化していく環境が必然的に形成されているということです』

「会社全体でこのような話が共有されるなんて、すごい会社ですね」

『この会社のすごいところは、話の共有だけではなく、実際にさまざまな実践もしているところです。社員全員の波動がどんどん高くなり、好循環の波に乗っていくので、新しく入った仲間も自然とその波に乗っていくことになります。ただ変な宗教のように「あれをやりなさい、これをやりなさい」と強制することは一切しません。「私」のデトックスを促すだけです。自分が良いと思ったら取り組む、本当にそんな感じのライトなエネルギーです』

「とっても素敵な組織であることは、お話を聞くだけでイメージできます」

『もちろん、彼らは食べ物や飲み物が体に与える影響を非常によく理解しています。ここの社長はそこを重点的に見直したかったようで、会社ではお米や野菜、卵などを福利厚生として配布しているのです。しかも、その社長が厳選した素晴らしい農家が作ったものだけを取り扱っています。彼は原理を完全に理解していたので、社員だけではなく、その家族の生活環境も変える必要があると考え、家族の分の食料も福利厚生として配ったのです。未婚の社員の同棲者の分まで了承する彼の懐の深さは本当に素晴らしいものがあります』

「厳選した食べ物を福利厚生で配布するなんて、それも家族のみならず同棲している人の分までＯＫだなんて、聞いたことがありませんよ」

『社長がこの世の中の原理をしっかりと理解しているからこそできたことですね。ある日のこと、毎週定例の話を共有する場で、一人の女性社員が手を挙げ、「社長、少しいいですか?」と切り出しました。それは、同棲している彼氏についてでした。彼氏は鬱病だったようで、当時、家からまったく出られなかったそうです。会社から支給されるお米や野菜を食べさせながら、会社で共有される話の内容を少しずつ話していったところ、彼氏の鬱症状がどんどん改善していき、最終的には完全に克服でき、今では社会に出て、しっかりと働いているとのことでした。彼女はその場で感謝の気持ちを伝えたかったようです』

「すごすぎますね。そんな素敵な会社だったら、皆働きたいですよね」

『そうですね。世界中の会社がこういう会社になったら、どんどん素敵な世の中になっていくでしょう。こういうエネルギーの高い会社というのは、世の中からも光って見えます。蝶々の話を思い出してみてください。光っているお花には勝手に蝶々が集まってくるのです。気がつけば、この会社はある業界で一番になっていたのです』

「すごいなんてもんじゃないです。やはり、そうやって結果にも表れてしまうのですね。デトックスのパワーはとてつもないエネルギーを作り上げるのですね」

6 「私」は1万時間で覚醒する

『デトックスのパワーは十分理解できてきたようですね』

「はい、本当にすごさがわかりました。これからは、私の中のトイレの詰まりを注意深く観察して気づくようにし、見つけたらどんどん流していきたいと思います」

『素晴らしいです。それでは、デトックスの次のステップへと話を進めていきましょう。次は、ミトコンドリアである「私」を覚醒させていきます』

「覚醒、ですか？」

『はい。おそらく今、あなたはミトコンドリアである「私」を、とにかくデトックスしてゼロにしなければいけないと思っていませんか？』

「その通りです。とにかく『わたし』の成功に邪魔な『私』を消せばいいと思っています」

『デトックスするのは、今まで溜めてきた詰まりの部分だけです。悪い食べ物や悪い生活習慣、悪い環境で溜まってしまった詰まりを取ることです。そうすることで、後でお話しする「わたし」に繋げることができるようになります。ですが、この地球上で生きていくためには「私」が絶対に必要です。「わたし」はあくまでもバーチャルな世界に存在しますので、この物質世界では「私」の存在が必要不可欠なのです』

「なるほど、『わたし』が着るバイオスーツが『私』ということでしたよね」

『覚えていましたね。その通りです。「わたし」が着るバイオスーツが必要です。デトックスが終わったら、今度はこのバイオスーツを最強のスーツにしていくのです』

「最強のスーツ、なんだかワクワクしますね」

『ただ動くだけのバイオスーツよりも、最強のバイオスーツのほうが着たいですよね。今からその最強のバイオスーツの作り方をお話ししますね』

「ぜひ、お願いします」

『このバイオスーツには「1万時間の法則」というものがあります。何かを学び始めてから1万時間が経過すると、その分野で急激な成長を遂げるとされる理論です。サッカーのプロ選手や将棋の名人、バイオリンの演奏者など、世の中で成功を収めている多くのプロフェッショナルたちは、幼少期からその道を極めるのに多くの時間を費やしているのを聞いたことがあると思います。その子たちは、周囲の子どもたちが遊んでいる間も一心不乱にその練習に励むことで、誰よりも先に1万時間を突破し、覚醒しているのです』

「確かに、天才と称される人たちの多くは、幼い頃から毎日練習していることがほとんどですよね」

『覚醒するまでの1万時間は、具体的に考えると、1日3時間を毎日続けた場合、約9年間が必要となります。もし週末に10時間ずつ練習することができれば、約6年でこの大台に達するという計算になります。この場合、3歳から始めた子は9歳で1万時間を突破することになりますので、9歳の天才が誕生するということです。しかし、この1万時間の法則が発動するには条件があります。その条件とは、ルールのある領域でのみ発動するということです。野球のメジャーリーグで何度もMVPに輝いている日本人プレーヤーを例に取っても、彼の成功は厳格なルールの中で献身的な努力をした結果であることがわかります。彼の「私」は、完全に野球というルールの中で覚醒したのです』

「なるほど、ルールの中での1万時間ということですね。ですが、この1万時間を達成するのはなかなか大変そうですね」

『そうです。だからこそフローが大切なのです』

「フロー？」

『はい。それは集中している状態とも言いますが、何かに没頭している時に周りの声すらも聞こえなくなり、時間があっという間に過ぎてしまった経験はありませんか？』

「子どもの頃にそういう経験があります。雪の降る町に住んでいたのですが、夢中になってかまくらを作っていたら、何時間もそれをやっていたことがあります。親が呼びに来るまで時間を忘れていました」

『まさしくそれがフローですね。人は、集中している時は我を忘れるとよく言いますよね。我とは「私」のことです。「私」を忘れて没頭しているのでその時の状態は「わたし」の状態とも言えるのです』

「没頭することはとても重要だということですね」

『そうです。地球上には仏像もよくありますよね。あれは没頭するために作られたのだと言う人も多いのです。没頭とは瞑想にも通じます。つまり、自分を「わたし」の状態にさせるために仏像に没頭していたというわけです』

「よく子どもが遊びに夢中になって、時間を忘れてしまったりしますもんね」

『その夢中というのは、とても重要な要素なのです。子どもが何かに夢中になっていたら、それは絶対に止めてはいけないのです。もちろん、スマートフォンの動画のような受け身だけのものは没頭とは言いません。自ら何か事を起こし、集中することを没頭と言います』

「学校などでも、時間になったらチャイムが鳴って終わりというのは、あまり良くないということですか？」

『もちろんです。それが没頭している最中であれば、なおさらです。フロー状態を途中で遮断するわけですからね』

「なるほど、それでは、子どもが何かに夢中になっている時はできる限り止めてはいけないということですね。ちなみに、大人になってからフローに入ることは難しいのですか？」

『そんなことはないですよ。デトックスすればするほどフロー状態に入りやすくなります』

「大人になってからでも可能なのですね」

『実際、先ほどの会社の社員の方々も、デトックスをすることによって仕事に集中できるようになった結果、業界で一番になったと言ってもいいくらいです』

「デトックスをしてフロー状態に入り、最強のバイオスーツを着る。これはこの地球上で生きる上でとても重要なポイントですね」

『「わたし」が「私」を大切に扱ってあげる気持ち（感覚）が、あなたの人生を根底から変えていきます』

「『私』をもっと大切に扱っていきたいと思います」

『お腹が空いたからといって、化学物質がたくさん入ったインスタントな食べ物で満たしてはいけません。それは「私」を敬う心が欠如しています。一日中家の中で過ごし、誰とも会わないからといって、ボロボロの服装で過ごすのも「私」を疎かにしているのです。たとえ一人暮らしであっても、常に整然とした生活を送るように心掛けましょう。メディアなどで見る富裕層の家がいつも綺麗なのは、彼らが普段から自己の環境を尊重しているからに他なりません。環境は、その人の心を映す鏡なのです。たとえ自宅で一人でコーヒーを飲む時であっても、上等なカップを選び、適切な温度で「私」に丁寧に淹れてあげましょう。食事も同様に、料理を美しく盛り付け、可能ならばテーブルには生花を添える。これらはすべて、「私」を敬う行為です。

「私」は喜び、ますます元気に地球上で活動してくれるようになります』

「そんな感覚はこれまで一度もありませんでした。一人でご飯を食べる時は適当に済ますのがほとんどです。お花を添えるなんてあり得なかったです。でも『私』を大切にするということであれば、お花も添えたくなりました」

『その気持ちが大切なのです。体も心も喜ぶことを選び、自分自身を大切に扱う。重要なのは「わたし」の意志で「私」を大切にするという感覚です。「私」には主導権は譲らず、「わたし」が人生のバランスを取るということです。そうすることによって、人生は確実に豊かなものに変わっていきますよ』

「ありがとうございます。これから意識的にその感覚を持って毎日を歩んでいこうと思います」

『あと、もう一つ先のステップも少しだけお伝えしておきましょう。今、「私」を大切にすると言いましたが、それはあなたが認識できる肉体だけの話に限りません。あなたを取り巻くその空間も「私」の一部と捉えられれば、なお良いですね』

「空間も『私』？」

『そうです。あなたは毎日生活する中で、あなたのいる空間を愛したことはありますか？』

「空間を愛する？　そんなこと、考えたこともありません」

『空間にも当然、「私」と同じエネルギーが凝縮されています。その空間は、今のあなたのように考えてもらえることがほとんどありません。つまり、いつも無視をされているということです。そんな空間に対して、あなたが全力で愛を注いだらどうなるでしょうか？』

「いつも誰からも無視をされているのに、一人だけ全力で愛を注いでくれる人がいたら、その人のことを全力で好きになっちゃいますね」

『あなたが、あなたの周りの空間を愛した瞬間に、その空間はあなたを全力で好きになってくれる、つまり、味方になってくれるということです。

あまり一度にあなたに情報を詰め込みすぎるのもよくありませんので、この話はこれくらいにしておきますが、あなたの自宅や職場の空間に愛を注いだり、何かの発表の場や仕事の営業先、大切な人との食事会の時など、さまざまな空間に愛を注いでみてください。面白い結果が待っていますよ』

「ありがとうございます。はい、すぐにやってみます」

この世界の大幸運の法則

第四章　すべてを引き寄せる

1　ペガサスに手綱をつける

『この世界の仕組みというものが、もうわかってきたのではないでしょうか。これから最後のお話をしていきましょう』

「もう最後なのですか？　ここまであっという間に終わってしまって、本当に自分にもできるのか不安しかないのですが」

『大丈夫ですよ。これまでお話ししてきたことをしっかりと思い出しながら、一つずつ実践していくのです。何度も思い出せるように一冊の本にまとめるのもいいと思います。あなたは地球上で物語を書くのが大好きですからね』

「ありがとうございます。忘れないように、すぐ本にしたいと思います」

『その意気です。それでは、最後のお話を始めましょう』

「よろしくお願いします」

『まずは、これまでのお話を整理していきましょう。あなたがこれまで自分だと思っていたのは、ミトコンドリアである「私」だったわけですね』

「はい、あまりの衝撃で、正直なところ、未だに頭の整理が追い付いていませんが……」

『大丈夫です。まだあなたのトイレが「詰まっている」状態ですので、その「事実」にまずは気づき、デトックスを開始していきましょう』

「『詰まり』に気づいていない可能性もあるので、まずは思い切って引っ越しを考えています。いきなり国を変えるのは難しいと思うので、住む都市を変えてみようと思います」

『それは思い切った決断ですね。場所を変えると、これまで当たり前だと思っていたことが、実は詰まりの原因だったことに気づきやすくなります。どうしたら体が軽くなるか、どうしたら心が軽くなるかを常に考えてみてください』

「はい、わかりました。まずは胃袋から綺麗にしたいので、食生活を見直してみます。栄養があり、消化に良いものを考えて、お酒もいきなりゼロにするのは少し寂しいので、嗜む程度に抑えていこうと思います」

『その考え方はとても大切です。お酒が好きな方がいきなりゼロにしようとすると、逆にそれがストレスにもなりかねません。少しずつでいいのです。トイレの詰まりがかなり多い場合、一度にすべてを流そうとするのは無理があります。でも、流したいという気持ちはある。そうすると、流したいという思いと、一度に流れないという現実との間にギャップが生じることになり、結局は諦めてデトックスをやめてしまうことになりかねないのです』

「なるほど。思いと現実とのギャップですね」

『その通りです。「わたし」の思いを使ってデトックス後の綺麗な自分の一コマを作ってしまえば、宇宙が自動的にその一コマに向かう完璧な台本を作ってくれます。あとは、その台本の主人公を演じればいいだけなのです。しかし、思いと現実とのギャップを強く感じることによって、また「私」が顔を出すことになってしまうのです』

「『デトックスしたい』ということが現れてしまうということですか？」

『そうです。「私」をデトックスさせるはずが、デトックスしたいという欲に変わり、「私」がまた現れてしまうという無限ループにはまってしまうのです』

「ここは気をつけなければいけないですね。どうすればいいのですか？」

『「わたし」を常に意識するしかありません。「わたし」という光を忍耐強く思い出すのです。だから、あなたが「わたし」を常に思い出せる状態になるまでは、これまでお伝えした内容を一冊の本にまとめ、それを常に持ち歩くとよいでしょう。「私」が顔を出したと思ったら、つまり、何かの我欲が出て、感情が大きく揺さぶられることがあったら、すぐにその本を開いて読み直してください。「わたし」をすぐに思い出し、また台本の主人公を演じられるようになります。お薦めは、あなたの携帯電話の待ち受け画面をその本の表紙にしてしまうことです。そうすることによって、携帯電話を見るたびに「わたし」を思い出すことができます。それを何度も繰り返していたら、いつの間にか自然と「わたし」を思い出すことができるようになりますよ』

「『わたし』を何度も繰り返し意識するのがとても重要だということですね。確かに、今この瞬間は『わたし』で生きようと朝に決意したとしても、普段のルーティンに戻った途端に忘れてしまいそうですよね」

『本当にその通りなのです。「わたし」で未来の一コマを描いたにもかかわらず、そこに行けないとするならば、「わたし」を忘れてしまっているということです。「私」に支配され、台本に飲み込まれているのです』

「ここで必要なのが、人と比べないということと、ペンギンですね」

『素晴らしい。その通りです。まずは、人と比べることをやめようと決意することです。それはすべて幻想にすぎません。つくられた幸せには何の意味もないのです。ただ「私」の我欲がより強固になっていくだけです。他人の人生をなぞるのはやめて、あなたの今この一瞬をどう大切に幸せに生きられるかに集中しましょう。そして、それでも心が乱れそうになったら、すべてをペンギンにしてしまえばいいのです。周りがすべてペンギンだと思った瞬間に、「わたし」がフッと現れます。確実に周りとは違う波動になっていますから、相手がいかに文句を言ってきたとしても、まったく気になりません。文句が波だとしたら、「わたし」は防波堤の上からその波を眺めている感覚です。防波堤にいくら波が当たったとしても、「わたし」は、ただその状況を観察しているのです。それは、相手がペンギンだと思うことにより、一瞬でそのエネルギー状態をつくれるということなのです』

「自分もイライラして相手と戦ったら、結局は自分も波となって相手の波とぶつかり合っているということですね。津波同士がぶつかっているのが戦争ということですよね？　波のぶつかり合いからは、本当に何も生まれないですね。私は、ぶつかり合うよりも、自分の描いた最高の未来へ行きたいです」

『皆、本当にそう願っていると思うのです。人生には限りがあり、その貴重な時間を相手の波なんかに構っている暇はなく、自分は理想の未来に行きたいと。ですが現実には、相手の波に対抗するために自分も波になってぶつかりにいく人が本当に多いのです。そして相手の波に勝つために、自分の波をより大きくする方法を考え、実践していくのです。それが、我欲を強めていくということです』

「今ならそのお話はすべて理解できますが、ここまでのお話をすべて聞いていなければ、自分が波になって相手の波と戦っていたという事実すら気づかなかったと思います」

『そうです。だから、まずはトイレが詰まっていることに気づくことが大切だということです』

「ますます理解が深まってきました。詰まりに気づき、デトックスしながら、常に『わたし』の状態でいることが大切なのですね」

『そして、その状態でいるということは、あなたは光り輝く花になっているということです』

「蝶々がたくさん集まってきてくれるということですね」

『その通りです。常に「わたし」でいられる人は多くありません。暗闇の中に光り輝く花がポツンポツンと少しだけ咲いている。あなたもその光り輝く花の一つとなるのです。そして、寄ってきてくれた大切な存在の良いところを見つけるゲームを楽しむことが大切です』

「コインの裏表のお話ですね。『わたし』が未来の一コマを描いた後は、宇宙が完璧な台本を作ってくれるわけですから、その主役を全力で演じながら、すべての出来事に対して良い面を見つけていくということですね」

『しっかりと理解してきましたね。朝、目覚めたら、まずはこの地球に目覚めたことに感謝をし、未来の一コマを描いた後は、悪いニュースを見るのを避けて、一日中エネルギーの高い状態でいられるように、鏡越しに自分の笑顔を見ながら「今日も周りの良いところを見つけるゲームを楽しもう」と決意するのです』

「はい、目覚めた時からの習慣にしていきます」

『ちなみに、星占いをしたことはありますか？』

「はい、占星術ですよね？　西洋占星術やインド占星術など、いろいろやったことがあります」

『やった結果はどうでしたか？』

「当たっている部分がとても多くてびっくりしました。自分ってこういう人間だったんだという新たな発見があり、自分がこんなにも星の影響を受けていることに驚きました」

『星の配置は宇宙が完璧に作ったものなので、あなたが生まれた瞬間の星の配置が、あなたの人生に大きく影響していることは間違いありません。間違いないのですが、それはあくまでもミトコンドリアだけに影響すると考えてください。つまり、「私」に影響しているということです。「わたし」は占星術の影響を受けるところには存在していません。理解できますか？』

「ちょっとよくわからないです」

『あなたの星に動物占いというものがありますよね？　生年月日によって、タヌキだったりライオンだったり小鹿だったりと、さまざまな動物に当てはめられる占いです。これも占星術の一つですが、あなたが地球に生まれたタイミングによって、あなたの動物が決まります。その動物の特性をあなたが持ち合わせているというものですが、実はこの占いは、ミトコンドリアの特性のことを話しているのです。あなたがもし動物占いでペガサスが出たのであれば、そのペガサスの特性を活かしやすいミトコンドリアがあなたの中に存在していますよ、ということです』

「つまり、動物占いで出た結果は自分自身の本質ではない、ということですか？」

『その通りです。タヌキで生まれているから、会う人によって性格を変えられますよとか、ライオンで生まれているから、リーダーシップが抜群ですよとか、動物占いではそういうことがわかりますが、それはあくまでもミトコンドリアの特性ですから、「私」の特性ということになります。「わたし」は別に存在しているわけですから、占いの結果に翻弄される必要はまったくないのです』

「占いの結果を見て、自分はそういう人間なのだと思い込んでいました」

『「わたし」はすべての宇宙と一体であり、同じなのですよ。可能性は無限に広がっています。占いの結果は、あくまでもミトコンドリアのほんの一部の特性を表しているにすぎません。もし動物占いでペガサスが出たのであれば、そのペガサスに手綱をつけて「わたし」がコントロールしてあげればいいのです』

「ペガサスに手綱をつける？　人生で一度も想像したことがない絵です」

そう言いながらも、ペガサスにまたがり、華麗に飛び回っている自分の姿をはっきりイメージできた。

『イメージはとても重要です。占いで出た結果に翻弄されずに、その結果すべてに手綱をつければいいのです。良いところだけを活かし、あなたの最高の人生に役立てていけばいいのです』

「ますます最高の未来のイメージが広がっていきそうです。ありがとうございます」

『こんなに早く、ここまで理解してくれて嬉しいです。さらに理解が深まる言語をプレゼントしますね』

「言語をプレゼント？　あまりよくわかっていませんが、ありがとうございます」

『言語についてお伝えするのを忘れていました。言語は実際には、「わたし」の世界では、ほとんど必要ありません。すべてエネルギーで意思疎通ができるため、抽象度の低い言語は使わないのです。しかし、あなたの星ではまだエネルギーだけで意思疎通ができる状態ではありませんので、言語が今のところ強い影響力を持っています。もちろんあなたの星も、言語だけではなく、エネルギーでの意思疎通もしっかりと使っていますよ。特に、争いのまったくなかった平和なある時期は、言語よりもエネルギーでの意思疎通のほうが多かったです』

「言語は抽象度が低い。なんだかわかる気がします。昔、神様には名前すら付けてはいけない、という話を聞いたことがあります。愛なんかも、言語化しなくてもエネルギーだけで伝わりますよね」

『その通りです。むしろ言語化することによって、そのエネルギー体の抽象度は下がってしまうのですが、あなたの星では、ほとんどの人が我々の世界を理解できていませんので、言語化することによって新たな発見がたくさんできるということなのです』

「釈迦が口伝だけで弟子たちに教えたのも、この辺りにヒントがありそうですね」

『いろいろと思考を巡らせてみるといいと思いますよ。さまざまな気づきがありますので。それでは、言語のプレゼントの話に戻りましょうか』

「そうでした。はい、お願いします」

『ここまで理解してくれたあなただからこそ、お伝えできる言語なのですが、「あなたは肉体が滅びるまで夢を見ている」、まずこのことをしっかりと理解してください』

「肉体が滅びるまで夢を見ている？　まったく理解ができません……」

『大丈夫ですよ。これからしっかり説明していきますから。まず、夢って何かわかりますか？』

「はい。夜、眠っている間に見るものですよね？」

『そうですね。あなたはその時、自分が夢を見ていると気づけますか？』

「いや、まったく気づけないです」

『夢の中では、それが夢だと気づかないですよね。つまり、夢をコントロールすることはできません。実際にはできるのですが、今のあなたの段階ではまだ早いので、このお話は飛ばします。では、眠りから目が覚めたらどうなりますか？』

「現実に戻ります」

『現実とは何ですか？　それは夢とは違うのですか？』

「現実は現実ですよ。生きるというのは、現実を生きるということではないですか？　夢はあくまでも眠っている間に見るものなので、まったく違いますね」

『そこです。その感覚をまずは見直しましょう。この世の中に現実というものは存在しません。あるのは「わたし」が作り出した夢だけです。つまり、あなたは寝ていても起きていても夢の中にいるということになります』

「起きていても夢の中にいる？　もはや頭が大混乱中です……」

『もうすでに台本についてはは理解できていますよね？　つまり、この台本は夢の中で描かれている、ということなのです。もう少しわかりやすくお話ししていきますね。「わたし」が地球という星を体験するには、夢を見るしか方法がないのです。そのため、母親のお腹の中で生命を宿した時から、肉体の寿命が来るまで、ずっと夢を見続けることになります。眠っている時はミトコンドリアの「私」の思考を自動的に離れることができますので、あなたの別の人生で体験する夢を見ます。これを、あなたの星ではパラレルワールドと言ったりしますね。この夢の中では、あなたは夢だと気づきませんので、夢をコントロールすることができません。ここまでは理解できましたか？』

「眠っている時は夢だと気づいていませんので、確かにコントロールはできないですよね。そしてその夢は、別のパラレルワールドにいる私が見ている夢である、ということで合っていますか？」

『はい、その認識で大丈夫です。そして、ここが最も重要なところですが、起きている時も、それは夢なのです』

「起きている時も夢？　ここがまだしっくりときていません」

『それは当然です。あなたはずっと眠ったままなのですから』

「ずっと眠ったまま？　私が起きている時も寝ているということですか？」

『そうですよ。あなただけではありません。皆、寝ているのです。

ミトコンドリア意識である「私」でいる限り、「わたし」はずっと寝ているのです』

「はあ……」

『よく聞いてください。あなたは、寝ている時と同様に、起きている時にも夢を見ているのです。そして、その時に「私」として起きている限り、寝ている状態と同じですから、その夢をコントロールすることはできません。もうおわかりだと思いますが、ここで「わたし」として起きることができれば、その夢を完全にコントロールすることができるということです』

「『わたし』として起きる？　もう少し詳しく教えてほしいです」

『起きている状態で「ここは夢だ」と認識するのです。そして、周りの人たちも皆寝ていると理解してください。たまに「わたし」でいる人がいますが、その人は起きています。あなたも「わたし」でいることができれば起きていられますので、自分でも「わたし」であると気づきますし、相手もそうであることに気づきます。寝ている人たち、つまり「私」でいる人たちは、夢の中で演者を続けます。台本に書かれた通りに演じているので、自分ではまったくコントロールをしていません。台本に書かれたままの状態です。そこで、あなたは夢に気づいて起きるのです。夢の中の台本の中であなたは起きるわけですから、もうこの台本はあなたのものです。つまり、夢をコントロールできるわけですから、あなたの未来の一コマを自由にいくらでも作れるということになるのです』

「なるほど。ようやくこれまで教えていただいてきた内容が繋がり、この世界のカラクリが解けてきたような気がしています。私が現実だと思っていたものが夢なのですから、私が望む未来を描いたら、それが現実になるのは当然ですよね」

『その通りです。いいですか、「夢の中で起きる」のです。この感覚を忘れないでください。つまり、「わたし」を思い出すということです。そして、周りの人たちは皆寝ていますから、起きているあなたのことが、なぜか光って見えます。これが、光り輝く花になることにも繋がりますね』

「そういうことですね。ちなみに、眠っている周りの人たちを起こす必要はないのですか？」

『起こさなくて大丈夫です。そもそも周りの人たちには、今のあなたのように基本的な知識がありませんから、起きてと言っても、変人扱いされるだけです。むしろ、あなたが起きている間も、寝ている人たちと接する時は眠っているふりをしてください』

「わかりました。『わたし』の感覚が徐々に掴めてきたように思います」

2　願望イメージボタン

『さて、特別に、あなたの願いがより強く描ける魔法をお話ししましょうか』

「そんなすごい魔法があるのですか！　ぜひお願いします」

『あなたの体は本当に素晴らしい奇跡の存在であることは十分理解できましたね？　その奇跡の塊である体には、さまざまな使い方があります。その中でも、手は万能な存在なのです。あなたは今、手をどのように使っていますか？』

「物を掴む時とか、字を書く時とか、食べ物を食べる時とかに使っています」

『それらも素晴らしい使い方ですが、手にはもっと不思議な力が眠っているのです。たとえば「手当て」という言葉がありますよね？』

「はい、傷の手当てとかですよね？」

『まさしくそれです。その手当てというものですが、昔は今ほど医療が発達していなかったので、人々は文字通り実際に患部に手を当てて傷を癒していました。手のひらから伝わる温かさと優しさが相まって、傷ついた心と体を癒す力があると考えられていました。また、母親が子どもを寝かしつける時に、頭を撫でたり、体に優しくトントンと触れたりすることによって、子どもはとてつもない安心を受け取り、健やかな眠りにつきます。手にはそれだけ人を癒す力が眠っているのです』

「確かに、私が幼かった頃、母親の膝の上に頭をのせて撫でてもらうと、とてつもない安心感に包まれた記憶があります」

『そういうことです。そして、あなたの手にも、とても不思議な力が宿っているということです。これをあなた自身へも使うことができます』

「ぜひ、教えてほしいです」

『まずイメージが大切なのですが、バイオスーツを着た「わたし」が手のひらから光を出しているのを想像してみてください。その手のひらから出る光を使って自分の体中をさすりながら感謝を伝えると、とても効果があります。バイオスーツを褒めながら撫でるイメージですね。バイオスーツは癒され、ますます元気に活動してくれるようになります』

「なるほど。手のひらから出る『わたし』の光を使って自分を癒すイメージですね？」

『そうです。それをやることで細胞は活き活きとしていきますから、健康面でも美容面でも効果を感じることができると思いますよ。そういう治療法が最近また見直されてきていますので、あなたも見聞きする機会があるのではないでしょうか』

「エネルギーワークとか、そういうのは、確かに増えてきている気がします」

『今後もますます増えていくことでしょう。ちなみに、手のひらから出る「わたし」の光を使えば、お水や食べ物の味を変えることもできます。水の入ったコップを用意し、水を包むようにしてコップに手のひらを当て、「わたし」の光でコップ全体を包み込むことをイメージしてみてください。やる前と比べて、お水の味が柔らかくなるのを感じることができるかもしれま

188

せん。前に、言葉でもお水が柔らかくなるとお伝えしましたが、このお水は更にエネルギーが高いもの。このようにして「わたし」の光を当てたお水を飲むことによって、「わたし」の愛がたくさん入ったお水になりますから、体はより活性化していきます。植物にこのお水をあげると活き活きしていくのがわかると思いますよ』

「ただ手を当てるだけでそんなに変化があるなんて信じられないです。これは誰にでもできることなのですか？」

『もちろんです。全員できますよ。デトックスが進んでいればいるほどに、その変化は大きくなっていきます。愛のあるものをたくさん体に入れてあげてくださいね。また、手の力はまだそれだけではありません。人の体は電気信号を使って情報を伝達するので、電気信号であるイオンの移動により微弱な電気が流れていて、指先は特に多くの神経経路が集まっているので感じやすい人もいるかもしれませんが、その指先からはプラスやマイナスの電気が流れています。両手の親指はプラスとマイナスの両方を持ち合わせていますのでニュートラルです。そして、右手の人差し指から小指にかけて、プラス、マイナス、プラス、マイナスと交互に電気が流れています。左手の指先には、人差し指から順に、マイナス、プラス、マイナス、プラスと、右手とは逆の電気が流れています』

「親指はプラスとマイナスの両方の電気を持っているのでニュートラル。そして右手の人差し指から小指にかけて、プラス、マイナス、プラス、マイナス。左手は人差し指から小指にかけて、マイナス、プラス、マイナス、プラス、ですね？」

『そうです。そのイメージのまま、右手と左手の指先を同じ指同士でくっつけてみてください。それぞれの指がプラスとマイナスでくっつきますので抵抗は感じないと思います』

「はい、確かに何の違和感もないです」

『それでは、その指を一本ずつずらしてみてください。右手の人差し指と左手の中指、右手の中指と左手の薬指、という具合です』

「何かこう、気持ち悪さを感じます」

『プラス同士、マイナス同士で当たりますので、反発しているということです。では、先ほどの同じ指同士の組み合わせに戻してみてください』

「妙な安心感を覚えます」

『指先に流れるプラスとマイナスの電気の感覚を掴んでもらえたかと思います。それでは、その指先からの電気エネルギーを使って、願望イメージボタンのスイッチを入れてみましょう』

「願望イメージボタン？　とっても楽しそうです」

『はい、もちろんとても楽しいですよ。先ほど「わたし」の願望をイメージして未来の一コマを作りましょうというお話をしましたね？　これは瞑想などでも作ることができますが、この願望イメージボタンでも作ることができます。そのボタンの位置は、眉尻と目尻の中間の少し外側、そう、ちょうどこめかみの辺りに位置する「太陽」というツボです』

「太陽！　とても素敵な名前のツボですね」

『そのツボは、目の疲れを取ったり頭痛を緩和させたりすることができる優れたツボですが、同時に願望イメージボタンでもあるのです』

「太陽が願望イメージボタンだなんて素敵ですね」

『その左右の太陽に両手の中指をそれぞれ当てます。軽く触れるくらいでいいですよ。その時、人差し指を中指の背中に少し絡めるようにしてください』

「中指と人差し指でクロスする感じですか？」

『そうです。これには理由がありまして、指をニュートラルにする必要があるのです』

「ニュートラルというと、親指のようにプラスとマイナスが一緒になるということですか？」

『勘がいいですね。その通りです。右手の人差し指はプラス、中指はマイナスでしたね。逆に、左手の人差し指はマイナスで、中指がプラスです。つまり、その二本の指を合わせることでプラスとマイナスが一緒になりますからニュートラルになるということです。ニュートラルな状態というのが「わたし」に繋がる唯一の方法です。それを、ニュートラルな指をつくり太陽のツボに触れることで脳に直接伝達するのです。これまでに整体やマッサージを受けたことはありますか？　その時、施術者は必ず親指で指圧をしませんか？　親指はプラスとマイナスを両方持つニュートラルな指ですので、必然的にニュートラルな指で指圧をしているということになります。結果、体はどんどんニュートラルになり楽になるということに繋がるのです』

「なるほど。ニュートラルな指の状態をつくるということがとても重要なのですね」

『そうです。そのニュートラルになった中指の腹をこめかみのところに当てます。もしくは、小さな円を描くようにくるくると回してもいいです。先ほども言いましたが、軽く触れるくらいでいいですよ。これで、あなたの中の「私」の思考が止まります』

「えっ？　止まる？　ここを押すと願望が叶うんじゃないのですか？」

『違います。まずは「私」の思考を止めないといけないのです。感覚的に言うと、脳の前のほうが「私」の思考、そして後ろのほうが「わたし」の思考となります。つまり、太陽のツボを押すことで、まずは脳の前のほうの思考である「私」の思考を止めるということです。寝ている「私」をまずは止めるという感覚です』

「太陽のツボを使って『私』を止めるのですね」

『そして、次に脳の後ろの「わたし」を起こします。具体的には、脳の後ろと背骨に意識を向けるのです』

「私は禅宗の得度を受けたことがありますので、坐禅を毎日しているのですが、坐禅や瞑想などの勉強をした際、脊髄をまっすぐにすることがとても大事だと学んだことがあります。これって何か関係していますか？」

『もちろん関係しています。ただ、あなたの坐禅の仕方をここからずっと見ていましたが、背筋をまっすぐにしすぎていて、エネルギーが通りにくくなっている印象があります。背骨は自然な曲線を持っていますから、その曲線に逆らわずに自然な姿勢をとるがお薦めです。「わたし」を起こす時は、特に坐禅や瞑想の姿勢をとる必要はありません。もちろんその姿勢でもいいですが、椅子に座った状態など、あなたがリラックスできる姿勢ならどんな形でも構いません。温泉につかっている時だっていいですよ。太陽のツボを指で少し押したら離してしまいましょう。指を離しても効果はしばらく続きますので。手もリラックスさせてください。その状態で、意識を脳の後ろと背骨を中心に、どんどん体の後ろへ持っていくのです。「わたし」が目覚めていくのがわかると思います。その状態で目を閉じて未来の一コマをイメージしてみてください。未来の描写がより鮮明になり、その一コマに集中できると思いますよ』

「ほんとだ！　未来の一コマのイメージが、より鮮明に描けるようになりますね」

『それが願望イメージボタンの使い方です。いつでもリラックスできる環境を見つけて実践してくださいね』

3　勘違いがあなたを導く

『願望イメージボタンの威力は計り知れないのですが、それだけイメージの力は宇宙を創造するほどのパワーがあるということなのです。これまでも、地球上ではさまざまなイメージのパワーが使われ、実際に多くの奇跡が生まれています。不治の病が奇跡的に治ったということが世の中では頻繁に起きますが、これにもイメージの力が使われているケースが多いのです』

「プラシーボ効果というのも聞いたことがあります」

『そうですね。まさにプラシーボ効果も、この力を最大限に活用しています。プラシーボ効果とは、患者にただのデンプンでできた偽薬を渡し、「これは効く薬です」と告げることで、患者は実際に効果があると信じ込んで病気が治ってしまうというものですね。本人の思い込みが病気を治してしまったということです』

「これは、本人のイメージ力というよりも、本人の勘違いということではないのですか？」

『勘違いもイメージ力も、原理は同じですよ。むしろ、未来への確信があまり持てないイメージ力よりも、勘違いのほうがパワーは何倍も強いです』

「確かに、本人は偽薬だと知らずに効く薬だと思って飲んでいますからね。信じ切っていますよね」

『そうです。この信じ切るというのが大切なのです。昔はここまで医療が発達していませんでしたから、まさに手当てをしてもらいに、宗教の教祖等などのもとへ行きました。そこで、教祖が病気で苦しむ人々に「もう大丈夫です。病気は消えていきます」と言って手を当てることで、その人の信仰心が自己治癒を促し、病気が治っていきます。釈迦もイエスも、彼らが実際に病気を治したわけではなく、「すべてはあなたの信仰心があなたを治したのです」と教えているのです。つまり、深く信じている自分自身が、自分の病気を治しているのです。ただし、その信念が心からのものでなければ、病気は治りません。懐疑的な心では、どんな治療も効果を発揮しないのです。病気が治ることを疑っていれば、病気はむしろ悪化してしまいます。まさにそこには悪循環が生まれるのです』

「心から自分自身を信じるということですね」

『自分を信じ切るのです。だから、もしあなたがこれから「わたし」のエネルギーで未来の一コマを描いたのならば、それはもうあなたの未来であるということを確信しなければいけません。その一コマへ向けて宇宙が完璧な台本を作り上げますので、その台本に沿って主人公を演じきることに集中するのです。人生を信じていれば、願う必要はないのです。完璧な台本の良いところを見続けていれば、必ずあなたの描いた未来の一コマへ向かいます。あなたは常に宇宙の愛に満たされているのですから』

4 「わたし」に集中して行く先は協奏

『「わたし」に集中するということは、宇宙の原理に逆らわずに宇宙を味方にするということです。これが永続的にできるようになると、自然に世界との協奏へと導かれるようになります。よく、誰かのために生きなさいと言ったりもしますが、特にこれを意識する必要はありません。誰かのためにとは考えなくとも、「わたし」で生きていれば、自然とそういう流れになってしまいます』

「そういうものなのですね」

『「わたし」を大切にすることを考えてみましょう。「わたし」を大切にするには環境が大切ですね。住む場所を綺麗にすることも「わたし」を大切にすることですし、付き合う仲間たちのエネルギーが高くなることも「わたし」を大切にすることになります。また、その枠をどんどん広げていくと、住むエリアが美しくなることもそうですし、住む国が美しくなることもそうです。さらに広げれば、地球が綺麗で美しくなることもそれに繋がります。この行動の連鎖が、結局のところ自分自身を大切にすることに他なりません。「わたし」に集中していくと自然とエネルギーのエリアが広がっていくので、必然的に協奏へと繋がるのです』

「なるほど。他人のためにと力まなくても『わたし』に、ただ集中していればいいのですね」

『そうです。常に「わたし」を中心に生活を送ることで、不思議とすべてが調和していくのです。日々の行動を通じて世界を綺麗に保つことで、「わたし」という存在は宇宙と同じくらい広がり、深まっていくということです。そして最終的には、宇宙と「わたし」の区別がつかなくなっていくのです。実際に、あなたのエネルギーはどんどん広がりを見せていることになりますよね？エネルギーの広がりは、縁起の広がりにも直結しています』

「縁起、ですか？」

『そうです、縁起です。釈迦は縁起を仏教の基本原理として説いています。縁起とは、すべての存在や現象は互いに依存し合っていて、独立して存在することができないという法則です。具体的には、「これがあるから、あれがある」「これが生じるから、あれが生じる」という因果関係を示しています。では、質問です。あなたの存在を教えてもらってもいいですか？　あなたはどういう人間なのか、教えてください。どんな内容でも大丈夫ですよ』

「わかりました。私は日本の地の経営者家系で生まれ育ちました。小学生の頃に禅宗のお寺で得度を受けていますが、僧侶の道には進まず、建設会社のサラリーマンを経て経営者の道に進みました。最初に託児所付きのカフェをオープンさせましたが大失敗に終わり、かなりの額の借金を背負いました。暗闇の中、インターネットを使ったビジネスに出会い、それが起死回生の一手となって、会社を立て直すことができました」

『ありがとうございます。まだまだたくさんあると思いますが、まずはそれくらいで大丈夫です。今お話ししてもらった内容をよく考えてみてください。すべて外からの情報からあなたへ紐づけられていると思いませんか？　日本からあなたへ、経営者家系からあなたへ、禅宗のお寺からあなたへ、建設会社からあなたへ、カフェの失敗からあなたへ、インターネットビジネスからあなたへ、どれも外からの情報からあなたへ紐づけられていますよね？』

「確かにそうですね」

『それでは、外からの情報を省いてあなたの存在を教えてもらってもいいですか？』

「わかりました。ええっと、あれ？」

『そうなのです。あなたの存在を表現するには、あなた以外の存在から紐づけるしか方法はないのです。この宇宙が創造された理由がそこにあります。宇宙の根元である大いなる何かは、自分という存在を知りたくなりました。知るためには相手が必要です。そこで分裂が起き始め、その分裂した相手を見ながら自分というものを学んでいきました。分裂しても、あくまでも両方とも自分ですので、純粋に学ぶことだけをしていたのですが、地球で分裂した時に途中で分裂したことを忘れてしまいました。それが「わたし」を忘れ、「私」の意識だけで生きているということです』

「なるほど。『わたし』という存在は、宇宙の根元である大いなる何かと同じということですね」

『その通りです。宇宙の根元のエネルギーと同じエネルギー状態でいるということは、それだけ抽象度が最大限に高まっていることになりますので、すべてを包摂していることになります。

エネルギーがそれだけ拡散しているわけですから、あなたの未来の一コマへ向けて完璧に作られる台本もより広がりを見せ、未来の一コマに必要な出会いがより起きやすくなるということです』

「つまり、未来の一コマを実現できるスピードが上がるということですか？」

『そういうことです。「私」に集中すると抽象度が下がるためエネルギーは低くなり、「わたし」に集中すると抽象度が宇宙の根元のエネルギーと同じになり、抽象度は最大になるということです。いかに「わたし」に集中できるかがあなたの未来に影響を及ぼすのです』

5 「わたし」にさらに集中する

「『わたし』に集中するということが、とてもよくわかりました。ただ、やはり未来への不安から『私』が顔を出し、それがどんどん増幅してしまう気もしています」

『それは、あなたが暇をしているからです』

「暇ですか？　そんなことはありません。私は必死に頑張っています」

『いいえ、暇をしているのです。何を暇にしているのかと言えば、思考を暇にしているのです』

「いえいえ、私はずっと思考を巡らせていますので、暇なんてしていません」

『何度もお伝えしている通り、それは「私」の思考を巡らせているだけなのです。恐怖、不安、心配、憎悪、これらはすべて「私」の思考に他なりません。「わたし」の思考には、このような感情が入る余地はないのです』

「言いたいことはわかります。でも、やはり不安の思考が強すぎて、消そうと思っても消えないのです」

『つまり、それが思考を暇にしているということです。「わたし」の思考を暇にしているのです。「私」の思考を巡らせている限り、同じような不安を煽る出来事ばかりが目に入るようになってしまいます。不安を煽るニュースなども引き寄せますので、不安に拍車がかかって大きくなってしまいます。先ほど、フローのお話をしましたよね？　フローの状態をイメージしてみてください。そこに集中しているわけですから、「私」の思考が入る隙間はなくなると思いませんか？』

「確かに集中しているわけですから、そこに不安が入る隙間はなくなるかもしれませんね。そのフローに入るというのは、どうやって入ればいいのか、もう一度教えていただけませんか？」

『簡単ですよ。まずは「わたし」が描いた未来の一コマが実現することを信じる。そして、それに向かって完璧な台本を宇宙が作ってくれていることも信じる。完璧な台本なので、その台本に描かれている一瞬一瞬を大切に受け取り、良い面を見つけるゲームに集中する。前にもお伝えしましたが、解釈を変えていくのです。そうすることで、本当に好きなもの、本当に楽しめるものに出会っていきます。それは偶然見た映像かもしれませんし、偶然外食中に隣の席の人が話していた会話かもしれません。宇宙は完璧な台本の中でさまざまなヒントを散りばめているのです。そのヒントに気づくゲームを楽しむことです。完璧な台本には一日中さまざまなヒントが散りばめられています。あなたの最高の未来をつくる奇跡が散りばめられているのです。そのヒントに気づけば気づくほどに、人生はあなたの描いた未来へ向かって加速していきます。不安なんて考えている暇はありませんよ。毎日、毎分の中で、ヒントに集中しなければいけません』

「なるほど。完璧な台本を信じ、その台本に描かれているヒントに集中するということですね」

『そうです。集中です。それが「わたし」に集中するということなのです。そうすることで、あなたが没頭できる何か、情熱を注げる何かにも出会っていきます。それは完璧な台本が教えてくれた、あなたがフローに入れる何かです。フローの状態は、つまり「わたし」の状態ですから、常に「わたし」でいられることになるのです』

「そういうことでしたか。つまり、私が不安を抱いているということは、『わたし』が暇をしていたということなのですね。とてつもない気づきをいただきました。ありがとうございます」

『それは良かったです。感情が動いた時がチャンスだと思えばいいのです。その時に、「これはいったいどんなチャンスなんだ？」と思うことで、奇跡に気づけるようになります。どんな映画やドラマを見ても、チャンスを掴む前には必ず何か感情が動く出来事が起きますよね？人間は、その感情の起伏がなければ幸運を感じられないようにできているのです。不安や怒りなどの感情が出た瞬間に、それはチャンスの前触れなのです。宇宙は完璧な台本しか、あなたに用意しません。その完璧な台本の主人公を全力で楽しみながら演じてくださいね』

「すべての出来事は私に訪れたチャンスということですね。宇宙が作ってくれた完璧な台本を信じて、すべての出来事にチャンスを見つけていきます」

『素晴らしいです。その感覚を忘れないように、常に集中してくださいね。さらに、もう一つ理解しておいてほしいことがあります。

『未来への不安というものは実際には存在しません』

「未来への不安は存在しない？　まったく理解ができないのですが……」

『いいですか。たとえば、将来に不安を持っていたとしましょう。貯金もなく、仕事をクビになってしまったら住むところもなくなり、食べることもできなくなってしまう。そんな不安があったとします』

「現に、今の私がその不安を抱えていますが……」

『そうですね。だからこそ、今、あなたをここへ呼んで、この世界の秘密を教えているわけですが、何度もお伝えしている通り、その不安はすべてミトコンドリアの本能からくる不安だということは、もう理解していますよね？』

「はい。これはあくまでもミトコンドリアである『私』の思考だということは理解できています」

『素晴らしいです。つまり、「わたし」の思考ではないわけですから、完全に無視できるわけですね。あなたは台本に描かれている今を見ればいいだけなのです。今、あなたは仕事があるわけですよね？　今、あなたは住む家があるわけですよね？　今、あなたは食べることができているわけですよね？　今だけに意識を向けることができれば、世の中は「ある」という現象で溢れかえっているのです。「わたし」を信じ切ってください。「わたし」が描いた未来のイメージは絶対なのです。そして、台本もそこに向けて完璧に作られているのです。そこに疑いを持つことによって、せっかく描かれた未来のイメージが色褪せてしまうのです。しまいには消えてしまい、叶わなくなってしまいます。そうならないためには、「わたし」が描いた未来の一コマを信じ、台本を信じ、今を生きることなのです』

「なるほど。今に集中していくのですね。思考がネガティブになったら、すぐにこの言葉を思い出します」

『良い心掛けですね。そして、もう一つお話ししておきますと、フローに入っているということは「わたし」になっているということです。その「わたし」は、大いなる何かと同じエネルギー状態であるということはすでにお話ししました。それでは、この大いなる何かは一体何でできているのでしょうか？　それは、愛です。大いなる何かは愛でできています。つまり、すべての根元は愛なのです』

「愛、ですか？」

『愛です。母親が子どもへ向ける愛は、無償の愛ですよね？　子どもを育てたからといって見返りは求めません。この無償の愛こそが、すべての根元にあるのです。

愛が根元ですから、これに勝るエネルギーは存在しません』

6　愛で生きる

『愛はこの宇宙の根元のエネルギーであり、すべてのエネルギーの最上位にあります。そして、この愛のエネルギーは決して減ることはありません。無限に存在するのです。地球には、打ち出の小槌というものがありますよね？　その小槌を振れば、無限に金銀財宝が出てきます。この宇宙の法則をあなたはもう完璧に理解していますので、言わなくてもすでにおわかりになると思いますが、愛のエネルギーは当然、金銀財宝も包摂しています。つまり、あなたが地球上で愛を無限に振りまくということは、打ち出の小槌を振っているということなのです』

「私も打ち出の小槌を手にしている？」

『その通りです。あなたはいつでもその小槌を振ることができます。無限に地球に愛を振りまいてください』

「はい、無限の愛をたくさん地球上に振りまいていきたいと思います」

『素晴らしいです。ただ、気をつけていただきたいのが、正義という言葉に惑わされないことです。正義とは、決して愛ではないのです』

「正義が愛ではない？　正義は悪から助ける存在ですから、それは愛なのではないですか？」

『いいえ、愛ではありません。そもそも正義とは何ですか？』

「世の中にとって正しいことをする人ですよね？」

『それでは、世の中にとって正しいこととは何ですか？』

「んー、そう言われると、何ですかね？　人に優しくするとか、環境を守るとかですかね？」

『それって正義ですか？』

「いや、正義とは言わないですね。何かと言われたら、愛になっちゃいますね」

『そうです。つまり、この世の中は愛しかないのです。それなのに、自分は正義のためにとか、これは正しいことですとか、これが真理ですなどと言っている人間は、明らかに歪んでいるのです。自分は正しいことをやっているんだと逃げているにすぎません。正しいか間違っているかなんて、抽象度の違いでいくらでも変えられるのです。戦争をしている当事者たちも当然、正義の下にやっています。その戦争のニュースを見る国によってどちらかが悪者になるだけであり、結局、戦争をやっている時点で、そこには愛はないのです。つまり、抽象度は相当低い状態にあるということです』

「なるほど。昔からスーパーヒーローのアニメなどをたくさん見てきたので、正義の味方はすごいと思っていました」

『正義の味方は、悪がいて初めて成り立つのです。逆に、悪は正義の味方がいるからこそ、より活き活きとしてしまうとも言えます。光が強まれば闇は濃くなるのです。正義の味方が輝けば輝くほどに、悪はより闇を増していくのです』

「少し混乱してきました。それでは、正義の味方も悪いということですか？」

『良いとか悪いとかのお話ではありません。歪んだ光を強めれば闇は濃くなるというお話です。愛は純粋な光です。純粋な光は、すべてを包摂するのです』

「愛をもっと学ばなければいけないですね」

『これも実は簡単なのですよ。これまでのお話を理解していれば、すぐにわかります。正義の味方は相手の悪の部分を見ているということですよね？　そして、その悪を消そうとしているわけです。ですが、純粋な愛の光は相手の良い部分を見ています。見えている世界がそもそもコインの裏と表のように真逆を見ているということです。あなたは愛を持って相手の良いところを見ていけばいいだけなのです』

「なるほど。そういうことですね。ますます理解が深まりました」

『世の中の宗教を見ても、結局、根元にあるのは愛です。言葉にも物にも相手にも、すべてに愛を込めるのです。何か買い物をする時にお金を支払いますよね？　その時、お金に愛を込めたことはありますか？　誰かとお話をする時、その言葉に愛を込めたことはありますか？　愛がすべてです。あなた自身が愛のエネルギーになりましょう』

「はい、すべてに愛を込めていきます。今、ふと思い出したことがありまして、真夏には40度を超える暑い国に住んでいた時のことです。その日も40度を超える猛暑日で、涼しいショッピングモールへ買い物に行きました。しかし、その日は休日だったため、駐車場がとても混んでいたのです。駐車場には洗車をしてくれるスタッフさんがいるのですが、私が駐車できずにグルグルと回っていたら、遠くのほうで駐車場が一台分空いたらしく、大きく手招きをしてくれているのが見えました。ちょうど車も汚れていて、洗車もしようと思っていたタイミングだったため、私はそのスタッフさんのもとへ車を走らせ、無事に駐車することができました。そして、車を降りてそのスタッフさんへ洗車をお願いすると、『えっ？　洗車を私にさせてくれるのですか？　ありがとうございます！』と言われ、逆に私がびっくりしたのです。私はてっきり洗車の仕事が欲しくて手招きをしていると思っていたのですが、このスタッフさんは、私が駐車できずに困っていたので、それを助けてくれただけだったのです。まさに愛だけの行為だったのです。このスタッフさんの愛に触れて、私自身もとても幸せな気持ちになりました。洗車の仕事が欲しくて手招きをしているのだと思ってしまった私の心の持ち方に対しても、深く反省しました」

『素晴らしい体験をされましたね。愛はあなたの周りに本当にたくさんあるのです。それに気づけるかどうか。これが本当に大切になります。そのスタッフさんの行為こそ、打ち出の小槌ですよ。そのスタッフさんを応援したいと思いませんでしたか？』

「はい、その人は汗もたくさんかいていたので、水分をたくさん取ってもらいたいと思い、チップを渡しました。またそのショッピングモールへ行った際には、同じスタッフさんにお願いしたいとも思いました」

『そのスタッフさんは、あなたにだけではなく、すべての人に対して同じ愛で行動しているはずです。つまり、あなたと同じ思いになった人が本当にたくさんいるはずです。まさに光り輝くお花だと思いませんか？』

「本当だ！　人間は、どんなところでも光り輝くお花になれるのですね」

『毎日の生活の中に、学びは本当にたくさんありますね。愛を感じ、そして愛で生きていきましょう』

「はい、ありがとうございます」

『そうだ。ここまで、しっかりと学んでくれたあなたへ、少しプレゼントもお渡ししましょう』

「えっ！　プレゼントですか？　めちゃめちゃ嬉しいです」

『一瞬で愛の人になれる方法です。一瞬で宇宙のエネルギーを手に入れることができます』

「そんなすごい方法があるのですね」

『あります。あなたは弥勒菩薩をもちろん知っていますね？』

「もちろんです。小学生の頃から仏門の世界に入っていますので、弥勒菩薩様を知らなかったら、むしろ怒られちゃいますよ」

『そうですね。その弥勒菩薩ですが、釈迦の入滅後、56億7千万年後にこの世界に現れて悟りを開き、多くの人々を救済すると言われていますね。では、その弥勒菩薩の右手の形を覚えていますか？』

「弥勒菩薩様は、とても大好きな菩薩様の一人でもありますので、わかります。確か、パーの状態から、親指と薬指だけくっつけている感じでしたよね？」

『その通りです。その形が、実は宇宙の愛を表しているのです』

「この手の形が、ですか？」

『そうです。少し実験をしてみましょうか？　両手をパーの状態にしてください。そして、左手だけ親指と人差し指をくっつけて輪っかを作ってください。ギュッと力を入れて、絶対に指を離さないようにしてください。わたしが今、その指を離してみますね』

そう言うと、突然、目の前の空間から両腕だけが現れ、私の左手の親指と人差し指を離そうとしてきた。私は必死に力を入れたが、虚しくもあっさりと離れてしまった。

『今のが、人間対人間の力のぶつかり合いです。今、空間から出している両腕は、人間の力と同等の力が出るように設定しています。つまり人間同士の力比べであれば、輪っかは簡単に開いてしまうのです。それでは次に、あなたに宇宙の愛の状態になってもらいます。つまりは、神の領域のエネルギー状態です。やり方は簡単です。右手の親指と薬指をくっつけてください。そして、左手はまた親指と人差し指で輪っかを作ってください。それでは、その輪っかを開きますね』

そう言って、また空間から現れた両腕が、私の輪っかを開こうとした。しかし、今度はまったく開かない。私はそこまで力を入れていないのだが、輪っかがまるでセメントで固まっているかのように強固になっているのだ。この現象に、私は驚かざるを得なかった。

「すごいです。あまり力を入れていなくても、がっちりと親指と人差し指がくっついています」

『それは、あなたが宇宙の愛のエネルギーに切り替わっているので、当然の結果なのです。神対人の対決になりますので、人が適うはずがありません。つまり、それくらい弥勒菩薩の手の形には大きなパワーがあるということです。この手の形はいつでも使えます。感情が動いた時、重たいものを持ち上げたい時、トラブルに見舞われた時、自分や誰かを愛で包みたい時など、いつでもこの手の形を作ることによって、あなたは一瞬で宇宙の愛のエネルギー状態になれるということです。それは、地球上で生きる上で敵がいなくなる、つまり無敵になれるということなのです』

「これはすごすぎます。そんな宇宙の秘密を教えちゃっても大丈夫なのですか？」

『頑張ってここまで学んでくれたご褒美ですよ。大切に使ってくださいね』

「はい、ありがとうございます」

7　これはもう悟り

「私は幼い頃から仏教の世界を学んできて、お釈迦様は煩悩を手放すことが悟りへの道だとおっしゃいましたが、これは結局のところ『私』を手放すということだったのですね」

『その通りです。最初のほうで「6人の盲人と象」というお話をしましたよね？　まさにそのお話です。釈迦は煩悩を手放すべきだと説き、わたしはミトコンドリアである「私」を手放すべきだとお伝えしているのです。どちらも同じことを話しています。仏教の教えでは、悟りは無為の状態の中にあると説いており、天意に身を任せることにより生きるエネルギーが体中に溢れ出るとしています。それを「般若の力」と言ったりもしていますね。つまり「私」を手放すことで「わたし」と繋がり、「わたし」のエネルギーが体中に溢れるということですね。「わたし」のエネルギーが体中に溢れると、時としてエンドルフィンという快楽物質が大脳の中心から分泌され、それを「悟りの境地」と言ったりする人もいます』

「なるほど。ですが、私はこれまで、煩悩というものは自分自身の欲だと思っていましたので、なかなか手放すことができませんでした。しかし今回、あなたからそれはミトコンドリアの意志だと言われ、とても心が楽になり、簡単に手放せる気がしています」

『それは良かったです。人それぞれ気づけるタイミングや出来事は違いますからね。釈迦の教えでも、さまざまな人たちが悟りに達しました。あなたは釈迦の山の登り方ではなかなか登れなかったというだけです。今回は別のルートを見つけることができて、それがあなたにもマッチしたためにスイスイ登れたのですよ』

「でも、この登り方は私だけではなく、現代に生きて苦しんでいる多くの人を助ける登り方だと思いますよ」

『それならば、あなたが自分用にまとめた内容を他の方にも見せてあげたらいいじゃないですか』

「私がすべてを実践してみて、本当にあなたの言う通りの世界になったのならば、まとめたものを他の方々にもシェアしたいと思います」

『それは素敵ですね。楽しみに、ここから見させていただきますよ。ですが、まずはあなたが実践して、わたしの話した内容を実証しなければいけませんね。責任重大ですよ』

「プレッシャーをかけないでくださいよ」

『ははは。プレッシャーではありませんよ。あなたは必ず実践できるとわかっていますからね。楽しんで取り組んでください。実際、ここまでの内容をしっかりと理解でき、実践することで、物事の見え方がまるっきり変わってくるのがわかると思います。たとえば、釈迦はが生まれてすぐに「天上天下唯我独尊」と言いましたが、これは「わたし」がこの世で唯一尊い存在であるという宣言だということがわかりますよね？　これが理解できた時点で、それはもう悟りなのですよ』

「『わたし』を最上位に置き、煩悩、つまりミトコンドリアの欲は放棄するのではなく、適切にコントロールすることが肝要だということですね。物欲、性欲などが湧いた時も『わたし』がコントロールする意識を持ち、『わたし』に焦点を当てて生きることで、愛で生きることになりますから、自然と高いエネルギーと調和していき、抽象度もどんどん上がり、『わたし』が描いた未来の一コマに向かって加速していくということですね」

『しっかりと理解できたようですね。また、自分を綺麗にし、自分の周りを綺麗にすること、すなわち家、人間関係、住んでいる地域、そして地球全体を綺麗にすることで、「わたし」のエネルギーはさらに大きくなり、最終的には宇宙と一体となります』

「まさに悟りの境地ですね」

『その通りです。今回あなたへお伝えする内容は、これですべてです。「わたし」で愛のある未来を描き、「私」を大切にしながら、すべての良いところを見つけるゲームを始めるのです。さあ、あなたの素晴らしい台本を全力で楽しんでくださいね』

「はい！　本当にありがとうございます！　人生を全力で楽しみます！」

おまけ　別の星で過ごす

『「私」と「わたし」、あなたは十分理解ができたようですね。しっかりと地球で活かしてください ね。そうだ。せっかくなので地球以外の星を体験してみましょう。きっと良い気づきを得られますよ。送りますね』

「えっ？　地球以外の星？　どういうことですか？」

混乱する私を完全に無視し、一瞬で周りの景色が変化した。

ピーンと張り詰めた、何とも心地よい空間。ここは森の中だ。森といっても、私が想像していた森とはちょっと違う。木々のどれもがあまりにも巨大で、まるでビルのようなのだ。

「おお、よく来たなー」

私が振り返ると、そこには鼻が高く顔が赤い、袴姿に下駄を履いた長身の男が立っていた。

「て、天狗？」

鳥の羽根でできた団扇のようなもので顔をあおぎながら、優しい笑顔で手招きをしている彼は、私が幼い頃、昔話の絵本で見た天狗そのものだったのだ。

「ここは、どこですか？　あなたは？」

「ここか？　ここはサルタの星じゃ。わしもサルタ。まあ、ゆっくりしていきなさい」

2メートルを軽く超える大きな身長と怖そうな見た目に反して、その口調と笑顔からは優しさが感じられ私はすぐに安堵した。よく見ると、袴は昔、絵本で見た天女のように美しく神秘的なオーラに包まれていて、思わず見とれてしまうほどだった。

そんなサルタさんの後を、まだ混乱の収まらぬままについていった。

私は歩きながらいろいろと思考を巡らせた。正直なところ、別の星と聞いた瞬間、SF映画で見るような未来都市を思い描いていた。超高層ビルが立ち並ぶ隙間を空飛ぶ車が飛び交い、ロボットたちが歩き回る世界。

しかし、実際はその真逆だった。

テクノロジーというものが何一つなさそうな、遠い太古の星に送られたようだ。緑豊かな大自然が広がり、その中を颯爽と歩くサルタさんは、とても美しく見えた。

「サルタさん、これからどちらへ？」

「まあ時間はたっぷりある。まずはうちでお茶でも飲もうぞ」

そう言って、巨大な木々の間をトンットンッと下駄で器用に歩いていく。私は早歩きで彼の後を追った。

それにしても気持ちのいいところだなあ。深呼吸をするたびに思わず笑みがこぼれた。

「少し速すぎたか？　もう少しゆっくり歩こうか？」

気づけば私は汗をかき、肩で息をしていた。

「ありがとうございます。そうしていただけると、とても助かります。サルタさんは下駄なのに、どうしてそんなに速く歩けるのですか？」

「おぬしの先祖は皆、わしくらいの速さじゃったぞ。以前、おぬしの高祖父《こうそふ》が遊びに来た時は、わしを追い越していきそうな勢いじゃった」

私のご先祖様が以前ここに来ていたことに驚いたが、それ以上に、ご先祖様がサルタさんのように歩くのが速かったことに、とても驚いた。

「おぬしが遅いのは、おそらくその履物のせいじゃ」

「この靴、ですか？」

「そうじゃ。おぬしの履いている靴は、どうしても歩く際に踵《かかと》から着地してしまう構造になっておる。踵、足の裏全体、そしてつま先で蹴って前へ進むということじゃ。つまりは3ステップで歩いておる」

「確かにそうやって歩いていますね。学生時代に正しい歩き方として習いました」

「そうか。じゃが、わしの今履いている下駄や、おぬしの高祖父が履いていた草履は、つま先だけで歩くんじゃ。つまりは1ステップということじゃ」

「要するに、私が1歩進むのに3ステップが必要なところ、サルタさんは1ステップで歩いてしまうので、私はサルタさんの3倍、歩く工程が多いということですか？　その分、歩くのが遅くなると」

「その通りじゃ。おぬしは自然と1歩を歩くためには3ステップが必要だと体が覚えておる。しかし、わしも先祖も1歩は1ステップで覚えておるんじゃ。この体の動きは心の動きにも影響を及ぼす。つまり歩き方ひとつ取っても、おぬしの未来に大きく影響を及ぼすということじゃ。別に、おぬしに草履を履けと言っているわけではない。それくらい、歩き方ひとつで、おぬしの未来は大きく変わるということじゃ。草履を履き始めた途端に望む未来を引き寄せる速さが加速するかもしれんのお。フォッ、フォッ、フォッ。ほれ、着いたぞ。じゃあ登るぞ」

そこには木でできた壁がそびえ立っていた。上を見上げてみると果てしなく続きそうなくらいに高い壁である。

「この巨大な壁を昇るのですか？」

「壁ではない。これは木じゃ」

「えっ？　木⁉」

いやいや、これは絶対に木ではない。横を見渡しても限りなくその壁は続き、上に至ってはてっぺんすら見えないのだ。

「これが木、なんですか？」

「そうじゃ。まあ、かなりでかいほうではあるがな。おぬしの星にも確か昔はこれくらいの高さの木があったはずなんじゃが」

いやいや、そんなはずはない。もはやこれは山である。ここまで来る間にあった大木にもあまりの大きさに感動すら覚えたが、この木は私の想像を遥かに超えている。ジャックと豆の木に登場する大木ですら小さく思えた。

バサッ、バサッ。突然、サルタさんの背中が動き出した。

「えっ？　サルタさん、それ、蓑《みの》じゃなかったんですね！」

蓑だと思っていたものは、なんとサルタさんの背中から生えた羽根だったのだ。

「み、蓑？　ガッハッハ！　これは見ての通りの羽根じゃ。おっ、そうか、おぬしはその星では羽根がないルールじゃったな。わしが抱きかかえて連れてってあげよう」

そう言って、サルタさんは私の後ろから両脇に腕を通して私を抱きかかえ、バサッバサッと垂直に飛び始めた。

初めは怖かったが、サルタさんの力強い腕に支えられているうちに緊張が解け、いつしか私は上昇していく風景を楽しんでいた。

なんて気持ちがいいんだろう。木々はますます緑を増していき、小鳥やリスたちが楽しそうに遊んでいた。

「はあ、はあ、ちょっと休憩じゃ。やはり人一人を抱っこして飛ぶのはえらい疲れるのお」

生い茂る枝の上で降ろされた。サルタさんの息が上がっている。

「すみません、大丈夫ですか？」

「おー、問題ないぞ。そして謝る必要なんてまったくないぞ。たまにはわしも運動せんとな。わしがおぬしを招きたいのじゃ。任せなさい」

顔から汗を滴らせながら、満面の笑みでそう言ってくれた。

なんだかサルタさんの優しさに泣きそうになった。

鳥やリスたちがサルタさんのもとに集まり出し、サルタさんを励ましているようにも見えた。

サルタさんは、大丈夫じゃ大丈夫じゃと笑顔を浮かべながら話しかけていた。

なんて温かい星なんだと、さらに泣きそうになった。

「よーし、そろそろ行こうかの」

サルタさんは私を抱きかかえて、羽根を広げ、また上に飛び立った。

どれだけ巨大な木なんだろう。雲が遥か下に見える。かれこれもう10分以上、飛んでいるのではないかと思った時、サルタさんが木に降り立った。

「着いたぞ」

辺りを見渡して見て、私は驚きを隠せなかった。

巨大な枝の上に木でできた家が立ち並んでいたのだ。大都市と言ってもよかった。

「サルタおじいちゃん、お帰りなさい！」

子どもたちが、我先にと全速力で駆け寄り、サルタさんに抱きついた。

皆、こぼれるような笑顔で本当に可愛らしい。

「お兄さんもお帰りなさい！　会えて嬉しい！　たくさん楽しんでいってね！」

満面の笑みで私にも抱きついてきながらそんな嬉しいことを言ってくれる子どもたちの姿に、私は味わったことのないほどの幸福感を覚えた。私の目からは涙がこぼれていた。

「お兄さん、今日はどんな奇跡があったの？　わたし、聞きたいな」

「えっ？　奇跡？」

「そう、奇跡だよ！　毎日が、たくさんの奇跡で溢れているから、わたしたちはいつもその奇跡を見つけて話し合っているの。奇跡って、見つけてあげると、とっても喜んでくれて、さらに奇跡を溢れさせてくれるんだよ！　ちなみにわたしはね、今こうしてお兄さんに会えたこと。こんなにたくさんの星があるのに、お兄さんに出会えたなんて奇跡だし、とっても嬉しい！」

純粋な目で私を見つめる子どもたちの言葉に、私の顔は涙でぐちゃぐちゃになった。

「ありがとう。これまでの人生でそんなことを言われたこともなかったし、自分で考えたこともなかったよ。毎日は奇跡の連続なんだね。これからは奇跡をたくさん見つけていくよ。私もあなたたちに会えたことが奇跡だし、サルタさんに会えたことも奇跡だよ。本当に大切なことを教えてもらいました。本当にありがとう」

サルタさんが優しい笑顔を浮かべながら、頷いて私を見守ってくれていた。

そして、子どもたちとハグを交わし、お別れをした後、木の枝に張り巡らされた通路の先に作られた、サルタさんの家に到着した。

「あら、あなた、お帰りなさい。素敵なお客様をお連れね」

そう言って出迎えてくれたのは、何とも魅惑的でありながら笑顔が素敵な方だった。どうやらウズメさんという方で、サルタさんの奥様のようだ。サルタさんと同様に、見上げるほどに大きな人だった。

「おー、ただいま。彼にはゆっくりとこの星を案内してくれとのことだ。まずはお茶をお願いできるかな？」

サルタさんはそう言って、私を家の中に通してくれた。

外観は木でできた小屋のような家だったので、中も同じく木でできた昔ながらの家を想像していたのだが、予想は完全に覆された。

家の中はまさに未来の家と言っていいほどに、見たこともない機械やモニターが並び、画面上にはグラフや数字が映し出されていた。

「サルタさん、これは？」

「おー、これか。これは、この国全体のバランスを取るための機械じゃ。これは長老の役目なんじゃ。わしは、この国の長老をやっておる。長老といっても一番偉いということではないぞ。長老という役割をやっておるということじゃ。長老は、この国のバランスを考え調整する仕事じゃ。この国の人々全員が十分に食べられる食べ物の量、安心して休める家の確保、まずはここがとても重要なんじゃ。それをこの機械で管理し、皆でそれぞれの役割を果たしながら国のバランスを保っておるんじゃ」

「皆で？　それって国民全員でってことですか？」

「そうじゃ、全員でじゃ。食べ物を作る者、家を造る者、服を作る者。また、傷を治す者や学問を教える者など、さまざまじゃ」

「それって、お給料みたいなものが発生するんですか？」

「お給料？　あー、お金のことか？　懐かしいのお」

「えっ？　それじゃあ、この国にはお金というものは存在しないんですか？」

「この国にも昔はあったんじゃが、争いが絶えなくてのお。そこで、お金を廃止しようという話になったんじゃ。環境だけ変えても駄目、人の心だけ変えても駄目、すべてはバランス良くすべてを成長させていかなければいけないと、知恵のある100人でやってみようとな」

「100人だけで？　そんな少ない人数だけでやっても、国には何も影響を与えないように思うのですが……。もっとお話を聞かせていただいてもいいですか？」

「実は、わしはその100人の中の一人だったんじゃ。一番若かったから、今はわししか生きておらん。わしらだけでもやってみて何か少しでも見本ができたら、国が変わるきっかけになるかもしれないと思った。だから、100人で話し合って決めたんじゃ。100人でやろうと」

「すごい！」

「最初はまったくうまくいかなかった。だが、最後には30日もすると腐ってなくなるお金になったな。そのお金も、しばらくは使ってたんじゃが、結局はだーれも使わなくなって、自然になくなったんじゃ。だから、今はまったく存在しとらん」

「そうだったのですね。具体的には、どういうことから始めたんですか？」

「まずは想いを決めたんじゃ。元々の国にはルールがあった。ルールの概念は本来、国の未来への願いのはずなんじゃが、結局は人を縛っていたことに気づいた。だから、ルールではなく想いに変えたんじゃ。それは、こんな想いじゃ」

そう言って、僕に一枚の紙を渡してくれた。その紙にはこう書かれていた。

私たちの六つの想い

1 愛を第一に、自分も他人も愛で満たす人生を歩む
2 必要な人に必要な分を必要な時に届けられる社会をつくる
3 皆は家族、弱い者には補い、強い者はサポートする
4 家族間でのお金のやり取りは行わない
5 自然と共に生き、最大限リサイクルを考える
6 より良い未来を創っていくことに皆で努力する

「この六つの想いを胸に、わしら100人は行動を起こしたんじゃ」

「この行動に共感した人たちがどんどん集まってきたってことですね?」

「いや、それが違うんじゃ。当初、わしらも家族がすぐに増えていくものだと思っておった。それが実際には、わしらみたいな行動を起こす集団が同じタイミングであちこちに現れ始めたんじゃ」

「まさに１００匹目の猿現象だ……」

「ん？　どうしたんじゃ？」

「いや、何でもありません」

「あなた、お茶が入りましたよ」

「ありがとう。じゃあ、お茶を飲みながらゆっくり話そう」

「はい」

サルタさんはそう言って、とても見晴らしの良い縁側へと私を案内してくれた。サルタさんが座った瞬間に、鳥やリスたちが嬉しそうに集まってきた。一匹のリスがサルタさんの膝に飛び乗り、彼は満面の笑みでそのリスを撫でながら、少し寂しそうな声で話し出した。

「お金をそのまま使い続けた国は、結局崩壊してしまった。物と交換するのにお金は腐らんし持ち運びも便利じゃったから最初は重宝されとったんじゃがな。ある一人の人間がお金を他人に貸してあげて利を得ようとした。ここが崩壊の始まりじゃ」

「私の星で言う金利というやつですか？」

「おー、そうじゃそうじゃ。その金利というのが、これまた厄介でのお。たとえば、このリス君はドングリが取れるコナラの木を見つけた。コナラの木はこのリス君しか知らないのでドングリを独占した。ドングリは小さくて持ち運びも便利なので、多くの人がドングリをお金として使用し始めた。他の人はドングリを持っていないので、このリス君からドングリを借りて使用しなければならない。たとえば、１００個のドングリをおぬしがリス君から借りて、返す時には１１０個で返さなければいけないとする。つまり10個分が金利じゃ。このリス君が世の中にまだドングリを１００個しか流通させていなかったらどうなるかな？」

「10個足りないから、リス君に金利分が返せないですね」

「その通りじゃ。つまり、金利分のドングリを10個追加でリス君が市場に貸す必要がある。そして、その10個をリス君が貸す時には、また金利分として1個追加して11個として返してもらうことになる」

「ちょ、ちょっと待ってください。それってドングリが永遠に増殖していくように思えるのですが」

「そう、まさにその通りじゃ。このドングリの増殖は永遠に終わらない。一度世の中にドングリを出して、そこに金利というものを付けてしまった瞬間から、世の中にはドングリがどんどん増えていってしまうのじゃ。金利という概念をつくってしまった星では必ずそうなる。おそらく、おぬしの星でもお金は増殖する一方のはずじゃ」

「確かに世の中のお金はどんどん増えていますね。でも、それって悪いことなんですか？」

「良い悪いで選択するのは、あまり良い考え方ではないな。すべての出来事にはコインの裏表、どちらの要素も含まれる。もちろんドングリがあるおかげで経済の発展が加速度的に進化するという面もある。ただ、金利が存在している限り、増え続ける金利分を誰かが借金をしなければ成り立たなくなる。国に活気がある時は国民がしていくのじゃが、活気がなくなった時に国民は借金ができなくなる。問題は、国民が借金をできなくなっても金利は止まらないので、ドングリだけが増え続けてしまうということじゃ」

「その増えた金利分を、また誰かが借金をしなければいけないのではないですか？」

「そう、その通りじゃ。だから国民が借金をできなくなると、この国自体がリス君から借金をすることになるんじゃ。それで社会にドングリを回す……。永遠に借金から抜け出せない国がここに誕生というわけじゃ」

「リス君、怖い……」

「ははは。すまんすまん。リス君はまったく何も悪くないぞ。たとえばの話をしたまでだからな。リス君を悪の帝王みたくしてしまい、すまなかったな。これで許しておくれ」

サルタさんは笑いながら、リス君に手のひらいっぱいのひまわりの種を渡した。

「お金の価値というものは本来、金額の大きさではなく、その用途にあるんじゃよ」

「用途、ですか？」

「おぬしの星では、時に神様に近い状態で生まれる子どもがおると聞いておる。障害をもって生まれた子は、まさにそれじゃ。純粋なまま、愛のまま、光のままに星を生きるんじゃ」

「確かに、本当に純粋な目をしていて、まさに愛のままに生きていると思いますね」

「その純粋な子から学ぶことは、山ほどある。先日、おぬしの星の者から聞いた話じゃが、脳に障害をもった子が父子家庭で育てられていたそうじゃ。父親も一生懸命育ててはいたのじゃが、仕事との両立がどうしてもできず、やむなく施設に預けたんじゃ。月日が経ち、その子が施設を出なくてはいけない年齢となり、施設の先生は社会に出る前にお金の価値を教えようと思ったそうじゃ。１円から５００円までの硬貨を並べ、１円を一番価値が低く、５００円が一番高いと丁寧に教えていったんじゃ。しかし、何度教えても、一番価値があるのはどれかと聞くと、10円を指さすそうじゃ。先生は何とか価値を理解させようと必死に教えて、施設を退所する間近に改めてその子に聞いたんじゃ。どの硬貨が一番価値があるのかと。するとその子は、やはり10円を指さしたんじゃ。さすがにこれだけ教えても覚えてくれない子に対して、先生も

『なんでわからないの』と怒鳴ってしまったんじゃ。そこに別の先生が近づいてきて、その子に優しく聞いてみたそうじゃ。『なぜ10円の価値が一番高いの？』と。するとその子は、公衆電話を指さし、『この10円があれば大好きなお父さんとお話しできるから』と答えたそうじゃ。その瞬間、施設の方々は涙を流し、お金の価値を知らなかったのはどっちだろうねと皆がその子から学んだそうじゃ」

「……」

私は何も言えず、涙が溢れてくるのを止められなかった。

「人から学べることとは、本当にたくさんある。わしらは常に解釈の仕方を周りの人々から学ぶ姿勢を忘れないように心掛けている。この子からは、お金の価値という学びをもらった。また、このことで、この子に対する大人たちの見方も真逆になったんじゃ。最初はなんて物覚えの悪い駄目な子なんだと思っていたが、この子の真意を理解した瞬間に、人生を学ばせてくれた師となったんじゃ。人生はすべて鏡、すべての出来事には真意が隠れておるもんじゃ」

私はコインの裏と表の話を思い出した。すべては自分がどう解釈するか。改めて学びの深さを理解した。

「お金について話したいことはまだまだたくさんあるんじゃが、それは今度にしよう。結局わしらは、そこで生まれた貧富の差に疑問を持ち、100人が集まったというわけじゃ」

確かに、この星では人々に貧富の差がないことは感じられた。皆が笑顔で優しく、そして誰かのために奉仕をする姿勢が見てとれるのだ。

「すごいですね。100人で想いを決めたんですね。その想いを決めた後の行動がとても気になります。教えてほしいです」

「今でこそ、落ち着いたが、まあ本当にいろいろあった。ただ、わしらがツイていたのは、100人の中にとんでもない金持ちがおったことじゃ。まあ、ドングリ持ちじゃな。わっはっは」

いたずらっ子のような笑みを浮かべながら、サルタさんは話を続けた。

「わしらには、必要な人に必要な分を必要な時に届けられる社会をつくるために皆で努力しようという共通の想いがあった。この想いを実現させるためには仕組みが必要だったんじゃ。皆が必要な分の食べ物がちゃんと作れる仕組み、夜、安心して寝られる家を建てられる仕組み。そうしたわしらの想いを仕組み化したいと考えた。先ほど入り口で見た機械のように、わしらの国ではテクノロジーがとても進化していたんじゃ。このテクノロジーを最大限に使い、ロボットなども駆使しながら仕組みを実現化する必要があった」

「そこにお金が必要だったわけですね」

「その通りじゃ。最近になって聞いた話じゃが、わしらが100人で想いを固めた同じ時期に、やはり他でも同じような100人が現れた。この100人の集団の中にはお金を捨ててからスタートしたグループもあったそうじゃ。もちろん、今でも仲良く幸せに暮らしているグループもおるそうじゃが、中には途中で食料不足に陥り、奪い合いが始まり、消滅したグループもいると聞いておる。わしらがスタート時点からお金をたくさん使える状態にあったというのは本当にツイてたんじゃ」

この消滅したグループは、ミトコンドリアである「私」が暴れてしまったんだと瞬時に理解した。

「でもそのお金を持っていた人ってほとんどのお金を出したんですよね？　それならば、全部自分の物にしたくならなかったんですか？」

「おそらく今回はそこが成否を分けたんじゃ。お金を人より多く持つようになると、普通は所有欲が強まってしまう。お金を持ち始めた人間は、ただひたすらにお金をもっと増やす行為へと溺れていく。だから、お金は持てば持つほどに手放せなくなる」

「確かに人間ってそうかもしれないですね。私のいる星では、稲作が始まった頃から所有の概念が始まったと聞いたことがあります。それまでは食べ物を取ってきてもいずれ腐ってしまうから皆で分け合っていたけど、お米は保存がきくから所有し始める人が増えていったのです。それでもお米は傷むし腐るので、所有する期限にも限界があったと思いますが」

「お金は腐らないから永遠に所有できる。だから、腐るお金というものも便利かなと思って途中で試しに作ってみたのじゃが、最初の想いからスタートしている集団にとっては、お金そのものがもはや不要のものじゃった」

「先ほどおっしゃっていた、30日で腐るお金ですね」

「まさにそれじゃ。でも、想いが強ければ結局、所有に繋がるものは何も要らなくなる。当時の国のお金の半分以上は人口の1％くらいの人間だけで所有しておった。だから、その1％が全員同時に手放すと決めたら話は早かったかもしれんが、そんなのは絵空事じゃな」

「確かに、お金は持てば持つほど手放しにくくなりますね。私も経験があります。恥ずかしいです」

「それは皆同じじゃ。何も恥ずかしがることはない。お金の魔力というやつじゃな。お金はどうも自分自身を惑わせる力を持っておる。そこから脱した人間がたまたま100人集まったということじゃ。その中に一人、大金持ちがおったという話じゃ」

私はその時、「わたし」で生きている100人が集結し、とてつもない巨大な「わたし」になっているのを想像した。まさに私が光の中で見た巨大な「わたし」がそこにいた。

「今、皆が一つになって大きな光になっていくイメージが浮かびました。そのような素敵な仲間たちが集まって想いを一つに進めることができれば、何でも実現できそうな気がしました。そうなると、俺はこんなに頑張っているのに、あいつはまるで仕事をしないとか、そういう考えも浮かばなそうですね」

「まさにじゃ。わしらは皆、一つの想いに向かって突き進んでいたから、周りがどうとかは一切思わなかったし、自分ができることを精一杯やっているから、そんなこと気にも留めんかったな。むしろ足りない部分は皆で補い合っとった。あとは一つひとつ、やるべきことを明確にしていき、テクノロジーも大いに活用しながら歩を進めていったんじゃ」

「本当にすごいです！　そこに人が集まってきたんですか？」

「当初はわしらもすぐに集まってくると思っておった。でも実際は、変人扱いされて誰も近寄りもしなかった。寂しい思いも少しはあったが、わしらはとにかく想いを胸に前に進み続けた。ある時、別の場所でわしらと同じようなことをしている集団がおることを知ったんじゃ。それも一つじゃない。いくつもそういう集団がおったんじゃ」

「神の意志としか思えないですね」

「まさにじゃ。わしらも皆びっくりしたもんじゃ。いろいろしているうちに、わしらのような集団がそこら中にでき始めると、これまで変人扱いしていた人たちまで家族に加わってくれるようになった」

「そして、この国ができあがったのですね」

サルタさんは満面の笑みで頷き、お茶をすすった。

私はサルタさんの話に夢中になりすぎてお茶を一口も飲んでいなかったことに気づき、ゴクリと飲んだ。サルタさんのお話には感動しっぱなしだったが、このお茶の味にも、とてつもなく感動した。ウズメさんの愛がたくさん入った、とても優しい味がした。

小鳥やリスたちは私のほうにも寄ってきて、膝の上でクークー寝ているリスもいた。笑みを浮かべ、よだれをたらしている愛らしい寝顔に、私も笑みがこぼれた。

「よし、お茶も飲んだことだし、少し国を見て回ろうか？」

「はい！　ありがとうございます！」

私はサルタさんに連れられ、サルタの国を見学させてもらうことになった。

「この国は、それぞれの分野に分かれて効率よく物事が進むようにつくられている。ここは農作物のエリアじゃ」

そう言って、太い枝の根本の部分に立ち止まった。

枝の根本といっても、直径で１００メートルは優に超える太さの枝だ。未だに私は木の枝の上に立っているとは信じられなかった。

そこにはいくつもの木でできた大きな建物が立ち並んでいた。中を覗かせてもらうと、そこにはいくつもの棚が並び、野菜や果物がびっしりと敷き詰められていた。そこを機械やロボットが所狭しと動き回っている。

「すごい光景です。ここでは人は働かないのですか？」

「もちろん働くぞ。だが、ほとんどが機械とロボットで生産できるようになった。テクノロジーの進化とはすごいものじゃ。なので我々は管理だけしておる」

「それでは、人間の手を介さずとも、ほぼ全自動で食べ物が作れちゃうってことですよね？　すごいなあ。ちなみに、どんなものが作れるのですか？」

「おぬしの星では見たこともないものも多くあるぞ。キャベツや白菜、芋や米、ブドウやイチゴなどはおぬしの星にもあったかな……」

「はい、それらは私の住む地球にもあります。そもそもこの種は、どこから来たものなのですか？」

「まあ、それはさまざまじゃ。星同士で共有し合ったりもする。もちろん、ここととおぬしの星も共有しておるぞ。ただ、おぬしの星では、最近は変わった野菜が出回っていると聞いておるぞ」

「変わった野菜、ですか？」

「そうじゃ。すべてが同じ形、すべてが同じ味と聞いておるぞ」

「確かにスーパーに置いている野菜は、すべて同じ形をしていますが、それの何がおかしいのですか？」

「おかしいに決まっておるじゃろ。想像してみなされ。おぬしの星の人間が全員おぬしそっくりだったらどう思う？」

「とっても気持ち悪いです」

「じゃろ？　野菜だって同じじゃ。小さいのもあれば大きいのもある。味もそれぞれ違うのがあって当たり前なんじゃ」

「なるほど。確かにそう考えれば、すべてが同じ形をしているのは不自然な感じがしますね」

「おぬしの星に戻った時に、その理由をしっかりと考えてみなされ。新たな気づきが得られると思うぞ」

「ありがとうございます。これまでまったく気にしていなかったので、地球に戻ったらいろいろと調べてみます。ちなみに、これらのエネルギー源はどうしているのですか？」

「エネルギーは主に太陽じゃ。太陽光を取り入れ、エネルギーを溜めておく。それをＡＩが最適なタイミングで効率よく分配していくんじゃ」

「種とかはどうするんですか？」

「ん？　種？　種なんて勝手にできるに決まっとるじゃろ。できた種をロボットが回収してＡＩが品質をチェックする。そして、品質の良いものをまたロボットがまいていくだけじゃ。そもそも宇宙は循環でできとるんじゃ。自然の流れに逆らわなければ循環のサイクルが回るのは当然じゃろ？」

「今の地球では、種は循環しないんです」

「どういうことじゃ？　おそらくそれは、自然の流れに逆らっている何かが必ずあるぞ。それを見つけてまた自然の流れに戻せばいい。簡単なことじゃ」

「はい、私も戻ったら自然の流れに逆らっているものを見つけ、自然の流れに戻していきたいと思います。ちなみに、これらの食べ物はどうやって運ばれるのですか？　見る限り、運べるような機械は見当たらないのですが」

「木の中じゃ」

「えっ？　木の中？」

「そうじゃ、木の中じゃ。おぬしの星にも木に穴を開けながら生きとる虫がおるじゃろ。この星にもおるんじゃが、少しサイズが大きい。その虫にお願いして木の中に通路を作ってもらうんじゃ。もちろん、こちらの巨木にも許可を得てからじゃぞ。巨木も空気が通るから通路ができるのは気持ちがいいそうじゃ」

「え？　木の中にできた通路で食べ物を運んでいるってことですか？」

「そういうことじゃ。木の中は外気に当たらないので保存状態も良くなる。配送時に出る騒音なんかも軽減でき、外の景観も損なわない。木の中を通すのは良いことずくめなんじゃ。この通路を使って各配送センターへと送られるんじゃ。おぬしの星は地上での生活なので、土の中とかが良いとは思うがの」

「なるほど。そうやって皆さんに食べ物を届けているのですね。配送センターへ送られた後は、どうやって各家庭で受け取るのですか？」

「各家庭にはそれぞれモニターが付いており、そのモニターで今日必要な野菜や果物、お米などを入力する。すると、配送センターから各家庭まで繋がっている木の中を通って届けられる仕組みになっとる」

「それだと、大量に注文する人が現れてストックがなくなっちゃうことはないんですか？」

「この国では、必要な人に必要な分を必要なタイミングで届けられる社会をつくれるように皆で努力しているんだ。誰もが皆のことを思い、自分が本当に必要な量をちゃんと考えて注文しておる。また、自然と共に生き、最大限リサイクルを考えるということも想いの一つとしてあるから、皆は極力ご飯を残さないように気をつけておる」

「耳が痛いです。今の私の星では、毎日食べ物の3分の1を廃棄していると聞いています。それなのに餓死してしまう人もたくさんいる。かなり歪んだ社会になってしまっています。でも、この国では、すべての人に必要な分が必要なタイミングで行き渡る社会を実現できたからこそ、すべての人がいつも満ち足りているということなんですね」

「何もそれを嘆く必要はないぞ。今からやればいいんじゃ。そもそも、ものが足りなかった時代、たとえば、近い時代で言えば江戸時代なんかは、超がつくほどの循環型社会だったと昔調べたことがあるぞ。ものが不足しているから、ありとあらゆるものを再利用しなければいけなかった。便ですら肥やしにして再利用していたであろう。だから、またそれを思い出してやればいいんじゃ」

「でも、現実にはものが溢れ返り、どんどん便利になってしまいましたので、今さらそういう生活にするのは実際には無理があるんですよね」

「確かにその通りじゃ。人は一度覚えてしまった楽は手放せなくなる。だから、手放せる仕組みが必要なんじゃ。それがテクノロジーなんじゃ」

そう言って、サルタさんは農作物が育つ建物を指さした。

「確かにその通りですね。それでもゴミをゼロにするって、ものが溢れ返った状態からは本当に大変だったと思います。どうやって実現させたのか、まだイメージができないのですが……」

「イメージができないのも無理はない。わしらも最初、そこはとても苦労したところじゃ。人間は一度体験してしまった便利さはなかなか手放せるものじゃない。だから、わしらはあえて手放せないという前提で進めていったんじゃ」

「いきなりゼロにしろ、なんて言われても、やはり難しいですよね」

「そうなんじゃ。だからわしらは、まずはどうやったらゴミを減らせるのかをいろいろな角度から考えていったんじゃ」

「いろいろな角度？　皆でゴミを減らしていく以外にも方法を考えたってことですか？」

「そうじゃ。答えはいつも一つとは限らない。さまざまな角度から考えることが本当に大切なんじゃ。皆で全力で考え、少しずつテストしてトライアンドエラーを繰り返す。そして、うまくいったものを残し、それを育てていく。シンプルじゃが、本当に大切なことなんじゃ」

「とっても勉強になります。何か答えを見つけようとした時に、どうしても視野が狭くなってしまうことがあります。そして、考えれば考えるほどにさらに狭くなってしまうんです。これはどうすればいいでしょうか？」

「簡単じゃ。皆で考える。そして皆の意見を受け入れるんじゃ。固定概念をどんどん取り外して、視野をどんどん広げていく。そうすると根本的な何かが見えてくるんじゃ。起きた問題に対して表面的に解決しても、それは単なる対症療法じゃ。何の解決にもならん。その問題が解決しても、また違った形で問題が浮き出てきてしまうんじゃ」

「なるほど。それじゃあ、このゴミ問題も、『ゴミを減らしましょう』と言うだけではただの対症療法だと考えたわけですね？」

「そうじゃ。だから、わしらはまったく別の角度からも考えてみた。このゴミたちはこの星の中でできたものじゃ。つまり、この星の何かが変化してゴミとなったわけじゃ。それならば、そのゴミをまた変化させることができれば、別の有効な物質に変わるのではないかと考えた。まあ簡単に言えば、ゴミを何か別のものに使えないかと考えたんじゃ」

「リサイクルってやつですね？」

「そうじゃ。ただ、おそらくおぬしの想像しているリサイクルとはまったく別の次元にあるリサイクルだと思うぞ。おぬしの頭の中にあるのは、おそらくゴミを分別して使えるものだけを再活用しようというものではないか？」

「はい、その通りです」

「それではゴミは減らないんじゃ。分別してリサイクルするといっても、現実には2割にも満たないくらいしかできなかった。わしらの目標は１００％」

「１００％！　そんなのは現実的に不可能ですよ」

「そう、その不可能という言葉が邪魔をするんじゃ。この宇宙には、まだまだわからないことがたくさんある。可能性だって無限じゃ。目標がたとえ不可能と思えるようなことであっても、その目標を持つことは自由じゃ。だからわしらはまず、ゴミを100％なくすという目標を立てたわけじゃ」

「それで、現実にはできたんですか？」

「できた。100％じゃ」

「すごいです。どんな方法で行ったんですか？」

「おそらく、おぬしにこの方法を教えたところで、おぬしの星とわしらの星ではさまざまなものが違うので意味はないかもしれん。ただ、『できた』という事実を教えておくことで、おぬしの星の未来でも実現できるかもしれんのお」

「サルタさんの星と私の星が違うのはわかります。今、私がいるここだって、木の上にいるわけですから、そもそもが違うのは本当に理解しています。ただ、何かのヒントになるかもしれないので、少しだけでも教えていただけませんか？」

「わかったわかった。それじゃあ、見に行こう」

「ありがとうございます！」

サルタさんと私は農作物のエリアを後にし、次の目的地に向かった。

「ここじゃ」

またしても枝の根本に到着した。その奥には巨大な倉庫のような建物が無数に並んでいた。

「ここはゴミ捨て場じゃ。昔はここが満杯になるくらいにゴミが集まってきていたが、食べ物を捨てる必要がなくなった今では随分とゴミは減ったもんじゃ。それでもやはり、ゴミというものは出るもんじゃ。各家庭、各仕事場から出たゴミは、木の中のトンネルを通ってここに運ばれるんじゃ」

「ゴミの移動も木の中を活用しているのですね。ちなみに、このゴミはどうやって処分しているのですか？　燃やすのですか？　燃えないゴミとかはないのですか？」

「まあ、そう慌てなさるな。ここに集められたゴミは、ＡＩとロボットによって、まずは完璧に分別されるんじゃ。そして、ゴミの種類ごとに分けられる。それが、向こうにある建物に集約されていく」

そう言って、サルタさんは倉庫を指さした。

「その倉庫から今度は、この巨大な木の上層部に運ばれるんじゃ。もちろん木の中のトンネルを通ってじゃ」

「上層部？　つまり、この巨木の上のほうで、そのゴミたちはリサイクルされるということですか？」

「そういうことじゃ。まあ、実際に見たほうが早いじゃろ。どれ、上まで飛んでいこう。また抱っこさせておくれ」

「あっ、はい！　ありがとうございます！」

サルタさんは私を後ろから抱きかかえて、バサッバサッと巨木の上のほうへと上昇した。

「ここじゃよ」

辿り着いた場所は、巨木の本当に一番上と言っていいほどの場所だった。

雲がずっと下のほうに見える。

「あの建物にゴミが運ばれてくるんじゃ」

そこには、真っ白な壁に覆われた窓一つない真四角の不思議な建物があった。その建物の上には何かが付いているようにも見える。

「あれは一体、何なのですか？」

「あの中は、とてつもない高温になっておる。太陽の光を効率よく集め、中の温度を限りなく高くしておるんじゃ。建物の上にあるのが太陽の熱を効率よく集める装置じゃ。中はとてつもない高温になっておるから、その熱に耐えられる素材で建物を作っておる。おぬしの星にダイヤモンドというものがあるじゃろ。あの素材に似とると思うぞ。そして、ここは地上からかなり高い位置にあるから酸素がとても薄いんじゃ。酸素濃度の薄さも必要な要素なんじゃ。おぬしが今、普通にしていられるのは、肉体をおぬしの星に置いてきているからじゃ。肉体も一緒にここに来ていたら、今頃は気を失っておるかもしれんな」

あっ、そうか。私は今、意識だけがここに来ているんだ。

「ちなみに、この星ではおぬしの星とは気圧も違うんじゃ。こっちのほうが気圧は高い。さらに、二酸化炭素も多いから植物たちがよく育つんじゃ」

「確かに、ここに来て最初に驚いたのは木の大きさです。あまりにも巨大すぎて、顎が外れるかと思いました」

「気圧や原子をコントロールできれば、さまざまなことができるようになるぞ。ちなみに、目を凝らして空を見てごらん。うっすらと半透明な膜で覆われているのがわからんか？」

サルタさんが指さした空を見上げると、確かに半透明な半円形ドームで覆われているのがわかった。

「あれは、太陽から出る紫外線や赤外線をコントロールしたり、外気の酸素濃度などを調整したりもできるんじゃ。この大木を中央の塔としてドームは広がっておる。皆が安心して暮らせるように機能しておるんじゃ」

テクノロジーの進化に驚きを隠せなかったが、これは未来の地球の参考にもなるのかもしれないと直感的に感じた。

「あの建物では酸素を遮断していく。そこにゴミを入れ込むと、綺麗に気化していくんじゃ。水素になるんじゃが、水素というものはさまざまなものに活用できる。今は、その水素を活用して生活することが多くなってきたのお」

「すごいですね。すべてのゴミが気化して再活用できるなんて、まさにゴミがゼロになってしまうんですね」

「その通りじゃ。さらに言えば、できた水素を生活に活用すれば水になる。完全なる自然の循環が可能になるんじゃ」

「素晴らしい仕組みですね。これならば星が汚れませんね。でも、ここまで作り上げるのに相当お金がかかったのではないですか？」

「そう、仲間に大金持ちがいたから金が使えてテクノロジーをこんなにも導入でき、ここまでの仕組みが完成したのじゃ。もし、その大金持ちがすべて自分のものだと言って独占してしまったら、元も子もなかったがのお。ハッハッハ」

そう言って、サルタさんはまたあどけない笑顔を見せた。

「その方はもういらっしゃらないのですね？」

私がそう質問した瞬間に、サルタさんは少し寂しい顔をした。

「そうじゃ。わしよりも少しだけ年をとっとる先輩じゃったが、3年前にこの世を去った。本当に楽しい人じゃった。いつもおどけて悪ふざけばかりしとって、最初に見た時は大金持ちとは微塵も思わんかった。その先輩は、幼い頃からこういう国を創るのが夢だったそうじゃ。だから精一杯努力して、この星で十本の指に入るほどの大金持ちになったと言っておった。その先輩は、会社を大きくする過程で社員たちにも夢の構想を共有していったそうじゃ。今では、その社員たちの多くもこの国に住んでおるぞ。そういえば、おぬしと雰囲気がとっても似とるのお」

目に涙を浮かべながら、サルタさんは私にお話ししてくれた。本当に信頼し合える仲間と想いを一つにしたからこそ、こういう国が実現したんだなと思った途端、熱い涙が出てきた。

「素敵なお話をありがとうございます。本当に、想いというものは大切ですね。想いを全員で共有できていれば、皆がそれぞれ良い未来に向けて精一杯努力していけますね」

「その通りじゃ。ここでは、機械やロボットに置き換えられるものは極力置き換えていっておる。そうすることで、人々は時間を多くいただけるようになる。その時間を使い、自分の得意とする分野でそれぞれが活躍するんじゃ。宇宙の研究、種の研究、医療の研究、ＡＩの研究、本当にさまざまな分野で皆が全力で取り組んでおる。もちろんノルマというものなど存在せんから、仕事が終わった後や休みの日になると、皆は全力でリフレッシュするんじゃ」

「毎日が素敵な波動に包まれているイメージがすぐに湧きます」

「そう、まさに波動じゃ。ここには人と比べるような人間は一人もおらんから、ますます波動が上がっていく。おぬしにも必ずできるぞ。そういった仲間と共に想いを一つにして、おぬしの星も良い星にしていっておくれ」

サルタさんは笑顔いっぱいでそう言ってくれた。

「おっ、何やらそろそろ戻る時間らしいぞ。まだまだ見せたいものはたくさんあったが、それはまた今度の楽しみにしておこう。また会えることを楽しみにしておるぞ。会えて嬉しかった。ありがとう」

そう言って、サルタさんは私を強く抱きしめてくれた。

私は涙が止まらなかった。

サルタさんの抱きしめてくれている感覚が徐々に薄れていくことに気づいた。

寂しさを覚えたが、サルタさんの温かみがまだ残っていた。

そのうち、辺りが柔らかい光で包まれていくのがわかった。


『お帰りなさい。サルタさんの星はいかがでしたか？』


私はゆっくりと目を開いた。

目の前に、巨大な「わたし」がいて、優しく出迎えてくれた。

「本当に素晴らしい体験をさせていただきました。愛の中でずっと抱きしめられていた感じがします。皆、本当に幸せそうで、笑顔が絶えないところでした」

『それは良かったです。まさに、これまであなたが学んだことを実際に具現化した素晴らしい国だと思います。今のあなたのその想いを忘れないで地球へ戻ってください。そして、その想いをぜひ地球でも具現化してください。楽しむことを忘れずに、そして、ミトコンドリアも大切にしてくださいね』

気づくと、私の足元に10センチほどの穴が開いていた。

『そちらを覗いてみてください』

言われた通りに覗いてみると何やら胡坐《あぐら》をかいて瞑想している人の姿が見えた。あっ、私だ！

『今からあなたを戻します。生まれたての時には記憶は一旦リセットしますが、今回は記憶をそのままに戻します。いつでもあなたを見守っていますよ。地球を精一杯楽しんできてくださいね。また会いましょう』

「ありがとうございます！　地球を全力で楽しんできます！」

本書の真髄をさらに深く感じていただくために、著者自らの声で語りかける特別な音声をプレゼントいたします。

音声には、本書に収めきれなかった重要なメッセージも込められており、あなたの心に響き渡ることでしょう。

この音声が、あなたの人生に素晴らしい変化をもたらす一助となることを心から願っております。

下記のＱＲコードからお受け取りください。

※著者がオーナーを務めるグループ企業の社長へ直接語りかけた、ここでしか聞けない特別な対談も収録しています。

おわりに

最後までお読みいただき心からお礼申し上げます。

この本を書いた最初の目的は、私の現在に至るまでの思考をまとめることでした。私が大切にしている考え方を一つにまとめ、いつでも読み返し、軸がぶれないようにしようと思ったのです。

書き上げた当時は、やはり私の必読書となりました。

普段の生活をしていると、いつの間にか「私」に翻弄されている時があります。そんな時でもこの本の内容に少しでも触れることで、「わたし」を思い出すことができました。

常に「わたし」でいられるということは、常に「今」を生き、愛に満ちた人生を送れるということです。そのため、私は何度も「わたし」を思い出すために、意識的にこの本に触れるようにしました。

そのおかげもあり、今ではありがたいことに、海外を拠点としてやりたいことを次々と実現することができています。私にはもったいないくらいの素敵な仲間や家族と共に夢に向かって歩んでいます。

そんな仲間たちとはいつもコーヒーを飲みながらこの本に書かれた内容を語り合っています。だから皆「今」を生き、「わたし」で生き、愛で生きているのです。

もちろん仲間や家族は皆、「わたし」で描いた一コマをイメージし、宇宙が創造した最高の台本を全力で演じています。結果は当然ですが、「わたし」が描いた一コマ通りになっています。

ある日、その内容を自分用に一冊の本にまとめたことを仲間たちに伝えました。すると皆が読みたいと言ってくれたので、読んでもらうことにしました。本といっても、私がＷｏｒｄでまとめただけのデータしかありませんでしたので、そのデータを送ったのです。

それを読んでくれた仲間たちからはとても嬉しい感想をいただき、これは社員たちや周りの仲間たちにも読んでもらいたいからデータではなく本にできないかと要望があったのです。

私自身も多くの方々へ共有したいという想いがずっとありましたので、このタイミングで出版しようと決めました。

そして、そんな時は、すぐに「わたし」で未来の一コマを描きます。私の本を多くの方々が読んでくれて、喜んでもらい、皆の人生がさらに楽しく、大幸運に包まれている一コマを描きました。

一コマが描き終わると、私の目に、昔から懇意にしていただいている、あさ出版さんの役員の方の連絡先が飛び込んできました。

すぐにご連絡をさせていただいたところ、海外出張中とのこと。

迷いましたが、海外に居住している私は、翌週、日本へ5日間だけ戻る予定だったので、かなりピンポイントな日時でしたが、日本にてお会いできないかを打診させていただきました。

ここで奇跡が起きるのですが、役員の方も、その日時は日本へ戻っており、都合をつけていただけたのです（その後また海外出張へ）。そこでコーヒーを飲みながらいろいろとお話しさせていただき（実際には本の内容以外のお話で盛り上がった記憶がありますが……）、さらに奇跡は続きます。実はその打ち合わせの後に、その方は会社へ戻り、役員全員での会議が予定されていたのです。その会議で、今回のこの本の内容をお話ししてくださることになりました。

その夜、ご連絡をいただき、この本の出版が決まりました。あさ出版さん、そしてその役員の方へは本当に感謝しかありません。この場をお借りして御礼申し上げます。

「わたし」で生きることによって、本当に毎日が奇跡の連続になります。

あなたにこの本を手に取っていただいていることも、私にとっては奇跡です。この奇跡の連鎖を、ぜひあなたも繋いでいただけたら嬉しいです。

最後になりますが、「わたし」を忘れないことに集中するだけで、大幸運は必ずあなたに流れてきます。これは私や仲間たち、そして家族が実証済みです。私や仲間たちと同じように、この本の表紙を、スマートフォンの壁紙にして「わたし」を常に思い出せるようにしていただいてもいいかもしれません。

初めのうちは、「私」が邪魔をして「わたし」が見えなくなることもあるかもしれませんが、諦めずにデトックスを続けていくと、「わたし」が次第に顔を出してくるようになります。あなたを全力で愛している「わたし」は必ず存在します。だから絶対に諦めずに「わたし」に集中してください。

あなたがこの本に触れることで、少しでもその手助けになれれば、これ以上に嬉しいことはありません。

あなたと共にこの素晴らしい地球を全力で楽しめることを心から願っています。
最後までお読みいただき本当にありがとうございます。

あなたに愛をこめて。

著者紹介

佐藤文昭（さとう・ふみあき）

国内外で30社以上を統括。海外在住。幼少期から父が仏教寺院の責任役員と檀徒総代を務める影響で、仏教に強く関心を抱き、9歳で禅宗の得度を受ける。複数社を経営する父の姿に触発され、24歳で起業。2度の大きな挫折によって、数千万円の借金を抱え、人生のどん底を経験。死と隣り合わせの毎日を過ごす中で、仏教の精神を改めて学びなおし、さらには他宗教にも視野を広げ、多くの気づきを得る。そこから人生に大逆転が始まり、30社を超える会社を次々と成功へ導く。作家としての一面も持ち、小説、ビジネス書、英単語本を含む幅広いジャンルで出版し、20万部以上を売り上げ、国内外で高い評価を得ている。

The《ザ》 Great《グレート》 Luck《ラック》　〜大幸運《だいこううん》の法則《ほうそく》〜　〈検印省略〉

2024年 10 月 17 日　第 1 刷発行

著　者——佐藤 文昭（さとう・ふみあき）

発行者——田賀井 弘毅

発行所——株式会社あさ出版

〒171-0022 東京都豊島区南池袋 2-9-9 第一池袋ホワイトビル 6F

電　話　03 (3983) 3225 (販売)

03 (3983) 3227 (編集)

F A X　03 (3983) 3226

U R L　http://www.asa21.com/

E-mail　info@asa21.com

印刷・製本　(株)シナノ

note　http://note.com/asapublishing/

facebook　http://www.facebook.com/asapublishing

X　http://twitter.com/asapublishing

ISBN978-4-86667-711-8 C2034